18
HM
4776

Thomas Hrovat

Eroberung des Unsichtbaren

*Das extreme Leben
eines Kletterers*

UEBERREUTER

Die Deutsche Bibliothek – CIP-Einheitsaufnahme

Hrovat, Thomas:
Eroberung des Unsichtbaren : das extreme Leben eines Kletterers / Thomas Hrovat. – Wien : Ueberreuter, 2001
ISBN 3-8000-3814-5

AU 0572/1
Alle Urheberrechte, insbesondere das Recht der Vervielfältigung, Verbreitung und öffentlichen Wiedergabe in jeder Form, einschließlich einer Verwertung in elektronischen Medien, der reprografischen Vervielfältigung, einer digitalen Verbreitung und der Aufnahme in Datenbanken, ausdrücklich vorbehalten.
Covergestaltung: Zembsch' Werkstatt, München, unter Verwendung von Bildern von Thomas Hrovat
Copyright © 2001 by Verlag Carl Ueberreuter, Wien
Printed in Austria
1 3 5 7 6 4 2

Ueberreuter im Internet: www.ueberreuter.de

Inhalt

Vom Klettern ...
7

EROBERUNG DES UNSICHTBAREN
13

... und vom Nicht-Klettern
163

Nachwort von Günter Funke
167

Vom Klettern ...

Gestern hat mich Margit getroffen. Ich war gerade auf dem Weg ins Café, um etwas zu frühstücken, als jemand hinter mir meinen Namen rief. Als ich mich umdrehte, kam sie auch schon auf mich zu, und es wäre unhöflich gewesen, einfach weiterzugehen. Sie erinnerte mich an meinen alten Traum, und deshalb wäre es mir lieber gewesen, sie hätte meinen Namen nicht gerufen, oder ich hätte mich nicht umgedreht, oder ich hätte zu Hause gefrühstückt.
Dass Hias, ihr Mann, in drei Monaten ins Yosemite fahren wird, um die Mescalito Wall am El Capitan zu klettern, erzählte sie mir, und dass sie froh sei, dann sieben Wochen mit den Kindern allein zu sein, denn schon jetzt würde er von nichts anderem mehr reden als von dieser Wand und jede freie Minute dafür trainieren. Er würde mich ohnedies in den nächsten Tagen anrufen, ob ich nicht mitkommen möchte.
Neunzehn Jahre war es nun her, dass Hias und ich das erste Mal unter dieser Wand standen. Und obwohl es für uns völlig unbegreiflich war, wie jemand da hinaufklettern konnte, übte sie eine Anziehungskraft auf uns aus wie noch keine Wand zuvor. Je öfter wir zurückkamen und je mehr Zeit wir an ihrem Fuß verbrachten, desto stärker wurde der Wunsch, es einmal selbst zu versuchen. Allmählich wurde daraus die Gewissheit, dass wir es irgendwann einmal auch wirklich machen würden. El Capitan, das sind tausend Meter senkrechter Granit in der kalifornischen Sonne, und durch die glatteste Felszone führt die Route Mescalito. Mindestens vier Tage

brauchst du, um diese senkrechte Wüste unter dich zu bringen. Den ganzen Tag nichts als klettern, oder besser gesagt, an schlechten Haken, die nur wenige Millimeter im Fels stecken, herumhängen, Rucksack nachziehen, in Hängematten schlafen, mit hunderten Metern Luft unterm Hintern. Wenn du endlich am Gipfelplateau stehst, hast du dich so an die Senkrechte gewöhnt, dass du das Gehen wieder lernen musst. Es gibt inzwischen schwierigere Routen auf den Capitan, doch keine ist so schön wie Mescalito.

Zu Hause riss ich eine Skizze mit den wichtigsten Informationen zur Route aus dem Kletterführer, vergrößerte sie im Kopierer an der Uni und hängte sie an die Wand am Fußende meines Bettes. Dort hing sie jahrelang, ohne dass ich mich daran gewöhnt und sie deshalb nicht mehr wahrgenommen hätte. Die Umrisse des Capitan und die markantesten Punkte seiner Ostwand waren mit fein gezogenen Linien angedeutet. Mitten durch diese Wand zog sich die Mescalito als eine dicke schwarze Linie, von 26 kleinen Kreisen unterbrochen, die das Ende jeder Seillänge markierten. Neben der Linie standen Schwierigkeitsgrade und Namen, die die Erstbegeher verschiedenen Kletterstellen gegeben hatten: Molar Traverse, Bismarck usw. Neben der Routenskizze hing ein Foto, das Hugh Burton während der Erstbegehung im Oktober 1973 ungefähr in Wandmitte aufgenommen hatte. Von oben zeigt es Steve Sutton, in seiner Hängematte sitzend, um sich herum nichts als den glatten Fels und unter sich nichts als Luft, Luft, Luft ... Ein Schiffbrüchiger in den endlosen Weiten eines senkrechten, gelben Ozeans.

Oft lag ich stundenlang vor der Wand am Fußende meines Bettes und träumte davon, einmal selbst diese Linie durch die Ostwand des Capitan zu ziehen. Wann immer wir uns trafen, redeten Hias und ich von nichts anderem als von der

Mescalito Wall. Mit den Jahren sammelten wir immer mehr Klettererfahrung, und bald war es keine Frage mehr, ob wir es schaffen würden, sondern es ging nur noch darum, hinzufliegen und in die Wand einzusteigen. Wir kamen oft ins Yosemite und kletterten andere Routen auf den Capitan, aber zur Mescalito Wall ist es nie gekommen.

Margit wollte mir sicher etwas ganz anderes erzählen. Aber ich verstand nur Mescalito und dass Hias, zwei Kinder und gute zehn Kilo Übergewicht später, von unserem alten Traum eingeholt wurde, und dass er jetzt endlich aufbrach, um ihn loszuwerden. Vor allem aber, dass er mich in den nächsten Tagen fragen würde, ob ich nicht mitkommen möchte.

Seit meiner Begegnung mit Margit schlafe ich in der Hängematte, mit hunderten Metern Luft unterm Hintern, fürchte mich in der neunzehnten Seillänge zum »Bismarck« hinauf, hänge bei der »Molar Traverse« im Seil und pendle nach links zum Stand. Ich schlage winzige Kupferstücke in winzige Risse und weiß, dass keines einen Sturz halten wird, ganz vorsichtig belaste ich einen Haken, den ich auf eine nur millimeterbreite Leiste gelegt habe, nach dem anderen. Ich stehe am Einstieg und schaue zum Ausstieg hinauf, ich schaue vom Ausstieg zum Einstieg hinunter. Ich spüre den heißen Wind auf meiner Haut und die trockene Kehle nach jeder Seillänge. Ich träume nur noch diesen Traum, der Mescalito heißt.

Hinfliegen und in die Wand einsteigen. Bald wird Hias mich anrufen. Ich werde ihm sagen, dass ich nicht mitkommen werde. Ich werde mich nie wieder umdrehen, wenn jemand hinter mir meinen Namen ruft.

*Der Standort des Gipfels ist
am Abgrund.*

(Stanislaw Lec)

Eroberung des Unsichtbaren

I

Neun Jahre früher ...
Der kurze Schmerz, mit dem sich die Nadel in meine Vene bohrt, bedeutet die Erlösung für mich. Der grüne Saft wird vom Herzen angesaugt und von dort in meinen ganzen Körper gepumpt. Mein Atem wird ruhig und mein Herz schlägt wieder gleichmäßig. Langsam kehrt die Welt in mein Bewusstsein zurück. Ich beginne zu weinen. Von ganz unten müssen die Tränen kommen, denn ich habe nicht gewusst, dass ich noch weinen kann und dass ich so viele Tränen habe.
Zwei Männer in grauen Uniformen schnallen mich auf einer Trage fest und schieben mich in einen Krankenwagen, der mit blinkendem Blaulicht neben den Geleisen des Bahnhofs auf mich wartet. Ein Mann in blauer Uniform springt aus dem Zug und legt mir meine Tasche auf den Bauch. Mit einem Lächeln schließt er hinter sich die Seitentür des Krankenwagens, und ich bin froh, dass mich die vielen Gesichter, die aus den Zugfenstern gaffen, nun nicht mehr sehen können.
Vor dem Spital übergeben mich die Männer in den grauen Uniformen Männern mit weißen Kitteln. Diese schieben mich durch Gänge in einen Fahrstuhl. Während der Fahrt sprechen sie miteinander, aber sie sprechen nicht mit mir und sie sprechen auch nicht über mich. Dann schieben sie

mich wieder durch Gänge in einen Raum, in dem andere Männer mit weißen Kitteln bereits auf mich warten. Ich werde ausgezogen, vermessen, gewogen und an Geräte angeschlossen. Sie fragen, was mit mir los sei. Aber woher soll ich das wissen? Ich weiß nur, dass mir plötzlich das Atmen schwer fiel, dass mein Herz unruhig schlug, dass mir schwindlig wurde, dass ich Arme und Beine nicht mehr fühlte, dass die Welt in einem riesigen Berg Watte verschwand. Aber warum – was mit mir los war, das weiß ich selber nicht.

Ob ich Drogen nehme? Nein – nur in letzter Zeit haben mir Ärzte immer wieder welche verschrieben. Ach ja, und im Zug, als alles anfing, da habe ich eine Tablette genommen. Aber da wusste ich schon, dass es zu spät war. Deshalb rannte ich ja von einem Abteil zum anderen, riss die Türen auf und fragte nach einem Arzt. Alle habe ich gefragt, ob sie Arzt sind: Arbeiter in blauen Overalls, mit riesigen Leberkäsesemmeln in der Hand, Bäuerinnen mit Kopftüchern, Kinder mit Schultaschen. Als endlich der Schaffner kam, schrie ich ihn an, dass ich jeden Moment sterben würde. Er funkte zum nächsten Bahnhof und ließ den Zug stoppen.

Meine Geschichte scheint die Männer mit den weißen Kitteln nicht besonders zu interessieren. Einer nach dem anderen verlässt den Raum. Schließlich ist nur noch einer da und pumpt mit einer Spritze Flüssigkeiten in einen Schlauch, der aus der Vene meines rechten Unterarmes ragt. Ich muss mich in einen Rollstuhl. Ich schlafe ein.

Als ich aufwache, liege ich in einem Bett und werde von der Sonne geblendet. Im ungelüfteten Zimmer riecht es nach faulendem Obst. Zuerst nur verschwommen, dann aber immer deutlicher sehe ich drei andere Betten und in jedem liegt ein Greis. Sie haben die Decken zurückgeschlagen und tragen viel zu kurze Nachthemden. Einem klebt noch das halbe Mittagessen im Gesicht. Sie lachen mich verdächtig freundlich an. Bevor sie mich etwas fragen können, gehe ich auf den Gang hinaus. Erleichtert stelle ich fest, dass mich niemand zu erkennen scheint, dabei dachte ich, dass das halbe Personal zusammengelaufen war, als sie mich einlieferten. Mir wird schwindlig und ich setze mich auf einen der Plastikstühle, die im Gang stehen. Erst als ich die kalte Sitzfläche unter meinem Hintern spüre, merke ich, dass auch ich eines dieser zu kurzen Nachthemden, wie die Greise es tragen, anhabe. Mir gegenüber hängt ein Bild an der Wand, und ohne es erkennen zu können, weiß ich, was es zeigt, weil es sicher eines dieser typischen Spitalsbilder ist: eine wunderschöne Landschaft im herrlichsten Licht oder ein Tier in freier Wildbahn oder eine biblische Szene. Ich habe nie verstanden, warum sie ausgerechnet in Spitälern solche Bilder aufhängen. Denn kein Mensch verzweifelt nur an dem, was ist! Oft verzweifelt er mehr an dem, was nicht ist oder nicht sein kann. Die haben nichts verstanden, sonst würden sie das, was vielleicht unwiederbringlich verloren ist, ja nicht auch noch in den Gängen zeigen. Als wollten sie sagen: Sieh, mein Lieber, so schön kann die Welt sein, aber leider leider bist du krank und hast nichts davon.

Die Umrisse am Foto kommen mir vertraut vor, anders vertraut als auf den üblichen Spitalsbildern, und als ich aufstehe, um es näher zu betrachten, sehe ich, dass es die Nordwände des Gesäuses zeigt. Das Bild ist gestochen scharf und so begegne ich ihnen allen wieder. Zuerst der Rosskuppen-Nordwand: Als ich sie kletterte, war ich in derart guter Form, dass ich klettern konnte, wo ich wollte, denn nichts schien an diesem Tag unmöglich zu sein. Ich hielt mich nicht an die

vorgegebene Route und kletterte, wo es mir gerade gefiel. Natürlich gab es dort keine Haken, aber das war mir egal, denn ich fühlte mich so sicher, dass ich keine Sicherung brauchte. Was war das für ein Tag! Selten habe ich mich so frei gefühlt. Dann erkenne ich die Planspitz-Nordwestwand, wo ich bei der dritten Begehung der Hoi-Führe mehr Sicherung gebraucht hätte, als vorhanden war. Die Dachl-Nordwand, die Dachl-Nordwestwand, die Rosskuppenkante und natürlich den Buhlweg. Mein Gott! Zehn Jahre haben wir uns nicht mehr gesehen und nun treffen wir uns ausgerechnet hier.
»Ja, Herr Hrovat, das dürfen wir aber nicht, jetzt legen wir uns wieder ins Bett und ruhen uns aus!« Ich hänge gerade den Haken bei der Schlüsselstelle in der Dachl-Nordwestwand ein, als eine Krankenschwester neben mir auftaucht. Sie ist wie alle Krankenschwestern, die ich in den letzten Wochen getroffen habe. Immer heißt es: »Jetzt schlucken wir diese Tablette, jetzt müssen wir uns baden, jetzt legen wir uns ins Bett ...« Aber immer bin nur ich es, der die Tabletten schluckt, immer muss ich alleine baden und nie legt sich eine Schwester zu mir ins Bett. Ich sage ihr, dass »wir nicht müde sind« ... Aber schon im nächsten Augenblick sind wir zurück im Zimmer und liegen im Bett.
Das Bild der Dachl-Nordwand geht mir nicht mehr aus dem Kopf, es erinnert mich daran, wer ich bin und wo ich mitten im Sommer bei so herrlichem Wetter eigentlich hingehöre: Ich bin Kletterer und sollte in irgendeiner Wand herumhängen und nicht mit einem zu kurzen Nachthemd im Bett eines Provinzspitals liegen und von sabbernden Greisen freundlich angelächelt werden. Vielleicht ist dieses Foto also doch eines dieser typischen Spitalsbilder, denn je länger ich es betrachte, je mehr ich in es hineinfalle, desto stärker wird mir bewusst, wie sehr wir uns schon auseinander gelebt ha-

ben, die Berge und ich. Doch scheint da ein Zusammenhang zwischen meinem jetzigen Zustand und meiner Klettervergangenheit zu bestehen. Ich frage mich, ob ich auch hier liegen würde, wenn ich nicht vor fünfzehn Jahren mit dem Klettern begonnen hätte. Wenn damals, vor fünfzehn Jahren, an meinem ersten Klettertag, ein guter Film im Fernsehen gewesen wäre oder ich für die Schule hätte lernen müssen, vielleicht hätte ich dann nie damit angefangen. Denn eigentlich hatte es mich nie interessiert, Berge zu besteigen, und ich wollte nur in den Klettergarten, dieser zwanzig Meter hohen Felswand am Stadtrand, um den anderen zuzusehen, so wie ich an anderen Tagen in den Stadtpark ging, um den Großen beim Fußball zuzusehen, ohne jemals selbst zu spielen.

Es war ein Samstag, und weil unsere Eltern meinten, dass Rad fahren zu gefährlich sei, fuhren wir mit der Straßenbahn in den Klettergarten, mein Freund Werner und ich. Wir gingen unter der Wand entlang und sahen den Großen beim Klettern zu. Als wir um eine Ecke bogen, lag plötzlich ein Mädchen vor unseren Füßen. Ihre Arme und Beine waren unnatürlich verdreht und der Sturzhelm ragte ihr bis zur Nasenwurzel ins blasse Gesicht. Ihre Augen waren geschlossen. Die Wand, unter der sie lag, war mindestens zwanzig Meter hoch, und wir dachten, wenn sie von ganz oben abgestürzt war, müsste sie tot sein. Wir waren nicht besonders schockiert, denn irgendwie hatten wir so etwas erwartet. Mit unseren vierzehn Jahren war ja genau das unsere Vorstellung vom Bergsteigen: Der einzige Grund, Berge zu besteigen, bestand darin, nicht abzustürzen. Und das Einzige, was das Bergsteigen für uns interessant machte, war, dass immer wieder welche abstürzten. Das konnten wir nach einem sonnigen Wochenende jeden Montag aus der Zeitung erfahren.

Das Mädchen, das vor uns lag, war für uns daher ebenso selbstverständlich wie die anderen Kletterer, die noch nicht abgestürzt waren. Gerade als wir uns über sie beugten, schlug sie die Augen auf und begann zu wimmern. Wir riefen um Hilfe, worauf aus allen Richtungen Kletterer auftauchten und ratlos herumstanden. Nach einiger Zeit hoben zwei das Mädchen auf und trugen es weg. Diese Reaktionen waren natürlich ganz nach unserem Geschmack. Das Klettern war genau so, wie wir es uns immer vorgestellt hatten: nur für harte Männer, die füreinander da waren. Wenn einer abstürzte, trugen ihn die anderen weg und gingen selbst wieder klettern.

Wäre der Ball bei einem der Fußballspiele im Stadtpark jemals über die Outlinie direkt in meine Arme gesprungen, ich wäre plötzlich Teil eines Geschehens geworden, das ich eigentlich nur hatte beobachten wollen. Für Augenblicke wäre ich zum Mittelpunkt des Spieles geworden und alle Augen, auch die der Spieler, wären auf mich gerichtet gewesen, auf mich, den ehemaligen Zuschauer, den Ball in der Hand. Ich hätte ihn zurück ins Feld werfen und wieder Zuschauer werden können. Ich hätte ihn mir aber auch selbst vor die Füße werfen und ihn vor mich her kickend in das durch Pullover markierte Spielfeld laufen und selbst Spieler werden können. Wir waren die Ersten beim abgestürzten Mädchen und somit die Einzigen, die über den Unfall Auskunft geben konnten. Während die Kletterer ratlos herumstanden, hielt ich den Ball fest in den Händen. Als das Mädchen fortgetragen war und sie uns auszufragen begannen, warf ich ihn mir vor die Füße und rannte ihn vor mich her kickend ins Spielfeld. Ich zeigte ihnen, wo genau sie ausgerutscht war, und sagte, dass sie mit einem lauten Schrei kopfüber auf uns zugeflogen sei, dass sie nicht geblutet hätte und nur kurz bewusstlos gewesen sei. So begann mein erster Klettertag mit kleinen Lügen – oft die einzige Chance, nicht sofort vom Platz verwiesen zu werden. Als sich die Kletterer wieder an der Wand zu schaffen machten, mussten wir nicht lange bitten, bis sie uns ein Seil um die Brust knüpften und wir selbst Hand an den Fels legen durften.

Schon bei unseren ersten Versuchen lernten wir Grundsätzliches über das Bergsteigen. Werners erste Lektion lautete: Wer vom Boden nicht wegkommt, der muss auch nicht gesichert werden! Meine erste Lektion lautete: Je höher du hinaufkommst, desto tiefer musst du runterschauen! Denn was immer Werner versuchte, er kam vom Boden nicht weg und sah mit dem Seil um die Brust nach einiger Zeit ziemlich lächerlich aus. Für mich war das Höherkommen ein geringeres Problem als das Obensein. Wir mussten uns eingestehen, dass wir nicht gerade prädestiniert für diesen Sport waren: Werner war der Dünnste unserer Klasse und konnte nicht einmal sein eigenes Körpergewicht auf der Reckstange halten. Mein Handicap war vielleicht noch größer: Ich war nicht schwindelfrei und bekam Angst, sobald ich einen Meter über dem Boden stand. Auch wenn unser erster Klettertag nicht sehr erfolgreich war, so war er um so beeindruckender. Eigentlich müsste ich sagen, *mein* erster Klettertag, denn für Werner sollte es der einzige bleiben. Er ist einfach nicht mehr wiedergekommen.

Am Montag wurde der Unfall in keiner Zeitung erwähnt. Gott sei Dank, denn erstens war es ein sicheres Zeichen, dass das Mädchen sich nicht schwer verletzt hatte. Und zweitens hätten die Journalisten den Unfallhergang genau recherchiert, vielleicht sogar mit dem Mädchen gesprochen. Dann hätte sich herausgestellt, dass es ganz anders war, als ich es erzählt hatte, und die Kletterer hätten aus der Zeitung

erfahren, dass ich sie belogen und die Situation schamlos ausgenutzt hatte, um ins Spielfeld zu laufen.
Eine Woche nach diesem ersten Klettertag ging ich wieder in den Klettergarten. Diesmal ohne Werner und nicht als Zuschauer. Wieder banden mir Kletterer ein Seil um die Brust und ich durfte eine Route versuchen. Diesmal wusste ich, was mich erwartete, und kam höher als in der Vorwoche. Nach zehn Metern wurde mir aber wieder so schwindlig, dass ich zurückmusste. Eine Woche danach kam ich wieder. Diesmal konnte ich mir das Seil schon selbst um die Brust binden, und weil ich mich dazu zwang, nicht nach unten zu sehen, endete mein Versuch am Ausstieg der zwanzig Meter hohen Wand. Im Herbst darauf bezahlten mir meine Eltern die Mitgliedschaft beim Alpenverein und einen Kletterkurs. So wurde aus mir wie von selbst ein Bergsteiger.
Die Mitgliedschaft beim Alpenverein öffnete mir das Tor zur Alpenvereinsbibliothek, und während des Winters las ich so ziemlich alles, was dort herumstand und nicht kurrent gedruckt war. Gaston Rabuffat, Georges Livanos, Hermann Buhl, Fritz Kasparek, Leo Schlömmer, Reinhold Messner ... Die Geschichten ihrer Abenteuer pflanzten Träume in mein Herz, und ich konnte es nicht erwarten, sie Wirklichkeit werden zu lassen. Zum ersten Mal in meinem Leben wusste ich, was ich wollte: Dieselben Abenteuer erleben, die sie erlebt, überlebt und in ihren Büchern beschrieben hatten! Ich wollte wie Leo Schlömmer an der Kante des großen Daches in der Dachstein-Südwand hängen und nicht wissen, ob der nächste Haken halten würde, ich wollte wie Hermann Buhl stehend eine eisige Nacht im Schneesturm in über 8000 Meter Höhe überleben, ich wollte wie Reinhold Messner vor der Schlüsselstelle der Kreuzkofel-Südwand stehen, die letzte Sicherung weit unter mir, nicht wissend, ob ich es schaffen

würde. In meinen Träumen sah ich mich Berge besteigen, aber niemals sah ich mich am Gipfel eines Berges. Für mich waren sie nicht da, um bestiegen zu werden, sondern um mich Abenteuer erleben zu lassen.

Doch bis dahin sollte es noch ein weiter Weg sein, denn als das Frühjahr kam, musste ich feststellen, dass es für mich mit meinen vierzehn Jahren ohne Führerschein oft weit schwieriger war, zu einem Berg hin- als auf ihn hinaufzukommen. Deshalb trat ich der Grazer Jungmannschaft bei. Ihre Mitglieder waren älter als ich und hatten immer ein Auto zur Verfügung, was sie zu idealen Kletterpartnern für mich machte. Doch herrschte auch ein eisernes Prinzip, das strikt eingehalten wurde und mich oft daran zweifeln ließ: Der Ältere geht vor!

Als Jüngster war ich beim Klettern dazu verurteilt, die anderen immer von unten sehen zu müssen. Nach einiger Zeit hätte ich jeden Einzelnen an den Schuhsohlen oder am Hintern erkennen können. Dabei wusste ich aus den Büchern, dass die Unteren immer die Schlechteren waren. Die Guten stiegen immer vor und schrieben dann diese Bücher, in denen die Unteren, wenn überhaupt, nur am Rande erwähnt wurden: »Weil ich merkte, dass K. am Ende seiner Kräfte war, nahm ich auch seinen Rucksack und stieg weiter.« Oder: »Mein Fuß hatte einen Stein gelöst, der P. genau an der Stirn traf«, usw. Ich war zwar der Jüngste, aber sicher nicht der Schlechteste. Meinen Rucksack hatte ich bisher noch immer selber getragen, und von einem Stein an der Stirn getroffen zu werden, dazu hatte ich keine Lust. Vor allem war das Abenteuer am oberen Ende des Seiles zu Hause – dort, wo es darum ging, den richtigen Weg zu finden, den Fels auf seine Brüchigkeit zu überprüfen, und wo man nicht stürzen durfte, wenn die Sicherungen schlecht waren. Die Abenteuer, von denen ich so geträumt hatte, spielten sich nun unmittelbar vor meinen Augen ab, erlebt von denen, die mir verweigerten, sie selbst zu erleben. Denn am eisernen Prinzip führte kein Weg vorbei, und ich wusste, wenn nicht bald einer der Jungmannschaft beitritt, der noch jünger ist als ich, würde ich noch sehr lange am unteren Ende des Seiles verbringen.

Dann lernte ich Werner, Harry, Helmut, Wolfgang und Sepp kennen. Sie waren die Outlaws der Grazer Kletterszene, weil sie weder Mitglied der Jungmannschaft noch des Alpenvereins waren. Jeder von ihnen hatte ein eigenes Auto, und was noch wichtiger war: keine Prinzipien. Endlich war ich am anderen Ende des Seiles angekommen!

Jemand musste Andrea verständigt haben, denn am Abend steht sie in der Tür und wird von den Greisen angelächelt. Wie schon so oft während der letzten Wochen, wenn ich wieder in einem Spital gelandet bin, kommt sie, um mich zu holen. Diesmal hat die Arme sogar die hundert Kilometer von Graz kommen müssen. Jetzt ist alles wieder so wie früher, als wir noch Kinder waren. Jetzt ist sie wieder meine große Schwester, die auf mich aufpassen und mich holen muss, wenn ich etwas angestellt habe. Jetzt bin ich wieder ihr kleiner Bruder, den man nicht alleine lassen darf. Eigentlich will mich der Oberarzt ja nicht gehen lassen, aber nachdem Andrea ihm alles erklärt, willigt er doch ein. Er steckt Befunde, die nichts mit dem zu tun haben, was mit mir geschehen ist, in ein Kuvert und gibt es Andrea. Ich sage ihm meinen Namen, damit er den Revers ausfüllen kann. Ob ich der sei, den er letzte Woche im Fernsehen gesehen hat, der, der diesen riesigen Überhang hinausgeklettert ist. Aber der bin ich nicht mehr ... Sein Gesicht wird freundlicher. Er wünscht mir viel Glück und sagt, dass er davon überzeugt sei, dass ich es schaffen werde. Der wievielte Arzt ist das schon, der davon überzeugt ist, dass ich es schaffen werde? Und warum kann mir keiner sagen, wie ich es schaffen kann? Wie soll ich *es* schaffen, wenn ich nicht einmal weiß, was *es* eigentlich ist? Er zieht mir den Schlauch aus dem Unterarm und lässt uns gehen. Auf der Heimfahrt sprechen wir nicht viel. Wir rollen in die Dämmerung hinein und bald gibt es nur noch die Lichtkegel der Scheinwerfer. Ich lege mich auf den Rücksitz und bin durch die vielen Injektionen wunderbar ruhig.

Seit alles begonnen hat, wohne ich wieder zu Hause bei Mama. Als ich vor einem Jahr zu Birgit gezogen bin, habe ich alles in meinem Zimmer zurückgelassen, und auch sie hat nichts verändert, so als hätte sie nur darauf gewartet, dass ich wiederkomme. Als wir zu Hause ankommen, ist mein Bett frisch bezogen und die Decke aufgeschlagen. Als müsste ich nur einmal ausschlafen und alles wäre wieder gut, hat sie während der letzten Wochen jedes Mal wenn ich nach einem Anfall nach Hause gekommen bin das Bett frisch bezogen und die Decke aufgeschlagen. Aber niemals spricht sie mit mir über das, was mit mir geschieht.

2

Als ich nach einem wunderbar traumlosen, tiefen Schlaf aufwache und die blau und gelb umrandeten Einstiche an meinen Unterarmen sehe, springt mich die Erinnerung an den gestrigen Tag an wie ein wildes Tier. Schon immer hatte ich einen wunderbar traumlosen, tiefen Schlaf, doch seit Wochen springt mich am Morgen die Erinnerung an den vorigen Tag an wie ein wildes Tier. Denn schon seit Wochen ist sie immer eine schreckliche. Wenn ich nur einmal ohne Erinnerung aufwachen könnte. Wenn ich nur einmal träumen könnte! Vielleicht wäre es am nächsten Morgen die Erinnerung an einen Traum und alles würde besser werden. Heute ist nicht »der erste Tag vom Rest meines Lebens«, sondern ganz einfach ein weiterer Tag, denn die Erinnerung hält mich am Gängelband der eigenen Geschichte fest, indem sie für jene Kontinuität sorgt, die mich als denselben aufwachen lässt, als der ich eingeschlafen bin. Das ist die schlimmste Erkenntnis an jedem Morgen.

So wie mir die Erinnerung die Freiheit nimmt, ein anderer zu sein, werden mir durch meinen Körper Raum und Zeit zugewiesen. Denn ich bin in demselben Körper aufgewacht, in dem ich eingeschlafen bin. Wenn er gestern im Zug seinen Dienst so kläglich versagt hat, dann kann er auch heute, jetzt, in diesem Moment seinen Dienst versagen. Er kann von einer Sekunde auf die andere aufhören zu atmen und sein Herz aufhören zu schlagen – tot umfallen, ohne dass ich irgendetwas dagegen tun könnte. Oder er kann ganz langsam damit beginnen, irgendwo eine Zelle zu teilen, dann die beiden Zellen, die daraus entstehen und auf diese Weise einen Prozess in Gang setzen, der einen riesigen Tumor wachsen lässt, der unweigerlich zum qualvollen Tod führt. Natürlich hebt dieser Körper die Hand und dreht den Kopf, wann und wie ich will, natürlich geht, steht oder liegt er, wann und wie ich will, denn schließlich ist er ja nicht irgendein Körper, sondern meiner. Deshalb kann ich ihn so lange trainieren, bis er kann, was ich von ihm verlange, deshalb kann ich ihn abmagern oder fett werden lassen. Aber ich habe keinen Einfluss darauf, ob er am Leben bleibt oder nicht. Natürlich kann ich ihn töten, aber ich kann ihn nicht dazu zwingen, am Leben zu bleiben. Ich fühle seinen Puls und beginne zu atmen. Noch lebt er! Der große Descartes hat es ja schon längst bewiesen: dass Geist und Körper zwei komplett verschiedene Substanzen sind, die völlig unabhängig voneinander existieren. Und weil das so ist, dachte er daraus schließen zu können, dass trotz der Endlichkeit des Körpers, die Seele unendlich ist. Im endlichen Körper, der funktioniert wie eine Maschine (wie eine cartesische Maschine), lebt die unendliche Seele, die ihn nur vorübergehend bewohnt. Während diese Konklusion vor bald 350 Jahren als der erste logische Beweis für die Unendlichkeit der Seele gefeiert wurde, muss ich heute ihre Prämissen in der ganzen Tragweite ihrer Richtigkeit erfahren. Ja, es stimmt: Mein Geist und mein Körper sind zwei komplett verschiedene Substanzen. Und weil das so ist, können sie keinen Einfluss aufeinander ausüben, zumindest keinen bis zur letzten Konsequenz. Aber genau darauf würde es ankommen. Der »logischen Gewissheit« der Unabhängigkeit des Geistes vom Körper steht die Erfahrung gegenüber, dass er diesen Körper, diese cartesische Maschine nicht bewohnt, sondern ihr bis zur letzten Konsequenz ausgeliefert ist.

Ich fühle mich wie jemand mit Flugangst auf einem Transatlantikflug. Dessen Zustände kenne ich nur zu gut, denn das Einzige, was mich bisher in ein Flugzeug gebracht hat, war der Umstand, dass es oft das einzige Verkehrsmittel gewesen ist, das mich dorthin bringen konnte, wohin ich wollte, und nur weil ich gewusst habe, dass ein Flug nicht ewig dauert. Am schlimmsten war mein erster Flug nach Los Angeles, der unvermeidlich war, weil ich unbedingt ins Yosemite wollte. In Frankfurt bestieg ich das Flugzeug mit zitternden Knien, und im unerträglichen Gefühl, von nun an für die nächsten elf Stunden der Technik und einem Menschen, der sie hoffentlich beherrscht, ausgeliefert zu sein, klappte ich das Tischchen vor mir herunter, legte meine verschränkten Unterarme darauf und vergrub meinen Kopf in ihnen. Ich verbrachte den ganzen langen Flug in dieser Haltung und nahm die kleinste Flugbewegung und das kleinste Geräusch wahr; und keine Flugbewegung und kein Geräusch waren normal für mich. Was auch immer ich spürte und hörte, war beunruhigend, und je beunruhigter ich wurde, desto mehr hörte und spürte ich. Der ganze Flug bestand für mich nur aus verdächtigen Geräuschen und Bewegungen. Nach der Landung fragte ich meinen Sitznachbarn, was es zu essen gab und welcher Film gezeigt wurde.

Jetzt bin ich Passagier meines eigenen Körpers: Im unerträglichen Gefühl, ihm ausgeliefert zu sein, und im sinnlosen Bemühen, an ihm zu beherrschen, was nicht beherrschbar ist, muss ich mich damit begnügen, ihn zu beobachten. Schon vor Wochen habe ich etwas vor mir heruntergeklappt und den Kopf in meinen Unterarmen vergraben. Meine Wahrnehmung ist nur noch nach innen gerichtet, und was auch immer ich wahrnehme, ist beunruhigend für mich. Ich bin beunruhigt, wenn mein Herz schmerzt, und noch beunruhigter, wenn ich es nicht spüre, weil ich dann nicht weiß, ob es überhaupt noch schlägt. Als ich letzte Woche ein Muttermal am Hals entdeckte, habe ich alte Fotos von mir hervorgekramt, um zu überprüfen, ob es erst jetzt gewachsen ist. Aber entweder sie waren zu unscharf oder von zu großer Entfernung aufgenommen. Erst der Hautarzt konnte mich beruhigen. In dieser Woche war ich auch beim Lungenröntgen, weil ich so schwer Luft bekam, und wegen der andauernden Herzbeschwerden beim Internisten. Für mich gibt es nur noch diese »cartesische Maschine«, auf deren Bestehen ich keinen Einfluss habe. Das Leben um mich herum läuft ab wie dieser Film auf dem Flug von Frankfurt nach Los Angeles, den ich nicht sah, denn ich bin Passagier der »cartesischen Maschine«. Aber ohne die Hoffnung, dass es in wenigen Stunden vorüber ist. Heute ist mein Herzschlag normal, nur meine Lunge scheint sich nicht mit Luft zu füllen. Ich versuche einige tiefe Atemzüge, aber sie bleibt irgendwie leer. Meine Lippen und Hände fühlen sich taub an. Ich schlage die Decke zurück und ziehe mich an – auch die Schuhe, denn ich muss jeden Moment darauf vorbereitet sein, fortlaufen zu müssen. Um mich von mir abzulenken, mache ich Kaffee und streiche Butter auf eine Semmel von gestern. Ich kaue trockenen Brei, denn meine Mundhöhle ist mit einer dünnen Wachsschicht überzogen, und ich habe jeden Geschmack verloren. Bei jedem Bissen, den ich hinunterschlucke, habe ich Angst, daran zu ersticken. Um mich von mir abzulenken, stecke ich meine Kreditkarte und etwas Geld ein und gehe auf die Straße, wo mich die heiße Luft und das gleißende Licht des nächsten heißen Sommertages empfangen. (Ich verlasse nie ohne Kreditkarte das Haus, damit mich jederzeit ein Taxi zur Notaufnahme bringen kann.) Ich besorge Zigaretten und Zeitungen und setze mich in den Gastgarten des Café Zotter, der eigentlich kein Garten ist, sondern aus fünf Parkplätzen besteht, die der Besitzer von der Stadt angemietet hat. Im Gastgarten des Café Zotter sitzt man eigentlich mitten auf der Straße. Aber dienstags ordiniert Dr. Rinner von acht bis siebzehn Uhr und das Café Zotter ist nur fünf Minuten von seiner Ordination entfernt. Von acht bis siebzehn Uhr bin ich einigermaßen sicher, wenn ich mich in seiner Nähe aufhalte. Der Ober kennt mich schon beim Namen und bringt ungefragt koffeinfreien Kaffee. Ich bin der einzige Gast, und als ich sofort bezahle, um jederzeit aufstehen und fortlaufen zu kön-

nen, setzt er sich zu mir an den Tisch. Vor zwei Wochen hat er den Film von Christoph und mir im Fernsehen gesehen. Seitdem nervt er mich mit seinen Fragen: Ob wir diesen Riesenüberhang wirklich ganz ohne Hilfsmittel nur mit den bloßen Händen hinausgeklettert sind? Unvorstellbar. Jetzt beginnt er mich auszufragen: wie lange man trainieren muss, um so einen Überhang klettern zu können, ob Seile reißen können, und wie man eigentlich wieder runterkommt. Er erfindet immer neue, unsinnige Fragen und ich höre ihm kaum zu, weil ich nicht von mir abgelenkt sein will. Er fragt nach meinem Buch, und ich sage ihm, dass es vergriffen ist. Während ich ihm beim Reden zusehe, höre ich bald nur noch mein Blut. Endlich kommen andere Gäste und er verschwindet hinter seiner Kaffeemaschine. Ich fühle meinen Puls und beginne wieder zu atmen. Um mich von mir abzulenken, schlage ich die Zeitung auf. Doch mehr als die fett gedruckten Überschriften dringt nicht bis in mein Bewusstsein vor. Wenn ich versuche, einen Artikel zu lesen, weiß ich am Ende eines Absatzes nicht mehr, was ich gelesen habe, und muss von vorne beginnen. Satz folgt auf Satz, aber das, was sie zusammenhält, bleibt mir verborgen. Schließlich gebe ich mich mit den Schlagzeilen und dem Fernsehprogramm zufrieden.
Langsam beginnt sich der Gastgarten mit Hausfrauen zu füllen. Ich beneide sie um die Unbekümmertheit, mit der sie Kaffee trinken und miteinander tratschen. Wissen sie denn nicht, dass in ihren Körpern Herzen schlagen, denen sie hilflos ausgeliefert sind? Der Gedanke an die Hausfrauenherzen lässt das meine immer schneller werden. Als ich wieder die Zeitung nehme, um mich von mir abzulenken, bemerke ich, dass meine Hände zittern und vollkommen nass vor Schweiß sind. Ich laufe zu Dr. Rinner und setze mich auf den Treppenabsatz vor seiner Ordination, fühle meinen Puls und atme.

Während ich Zigaretten rauche, werde ich langsam ruhiger. Jetzt bin ich ja in Sicherheit. Bei einem Anfall wäre ich in Sekunden in der Ordination, und selbst wenn ich ohne Vorwarnung umfiele, würde einer der Passanten Dr. Rinner rufen. Ich genieße diese Sicherheit. Als aber die immer höher wandernde Sonne immer heißer herunterbrennt und der Schatten auf die andere Straßenseite wandert, dorthin, wo mich Dr. Rinner, wie schon letzte Woche, bei einem flüchtigen Blick aus dem Fenster jederzeit entdecken kann, gehe ich nach Hause in mein verdunkeltes, kühles Zimmer. Es ist bereits Mittag und ich kaue trockenen, geschmacklosen Brei. Obwohl mir das Essen so schwer fällt, werde ich von Tag zu Tag dicker – fünf oder sechs Kilo während der letzten Wochen. Meine Hosen werden immer enger und ich muss ihren obersten Knopf aufmachen, wenn ich mich bücke, um die Schuhe zuzubinden. Nach dem Essen lege ich mich aufs Bett, fühle meinen Puls und atme. Ich behalte die Schuhe an, um jederzeit fortlaufen zu können.

Um mich von mir abzulenken, setze ich mich am Nachmittag wieder in den Gastgarten des Café Zotter und trinke koffeinfreien Kaffee. Ich bin froh, dass der Ober diesmal keine Zeit hat, um mich von mir abzulenken, denn ich habe schon seit einigen Stunden Kopfschmerzen und muss auf weitere Symptome achten, um einen möglichen Schlaganfall sofort zu erkennen. Siebzehn Uhr. Jetzt beginnt die gefährlichste Stunde des Tages. Dr. Rinner schließt seine Ordination und die aus den Büros strömenden Menschen verstopfen mit ihren Autos die Straßen. Wenn mir jetzt was passiert, dann bin ich auf die Rettung oder den Notarzt angewiesen, was bei diesem Verkehr eine Ewigkeit dauern kann. Dabei bleiben bei Herzstillstand nur sieben Minuten Zeit. Völlig unmöglich bei diesem Verkehr. Dann ist noch die Frage, wie die Leute im Café reagieren, wenn ich zusammenbreche. Meist stehen sie bei solchen Situationen ja einfach nur herum und wissen nicht, was zu tun ist. Wertvolle Zeit vergeht und oft sind die sieben Minuten schon vorbei, noch bevor der Notarzt gerufen wird. Ich spiele mit meinen Fingern und streiche mir abwechselnd über Wangen, Ober- und Unterschenkel, um zu prüfen, ob sie sich taub anfühlen. Als ich auf die Toilette gehe, ist mein Gang vollkommen normal. Außer Kopfschmerzen kann ich keine Symptome für einen Schlaganfall feststellen. Allmählich wird der Verkehr wieder flüssiger und der Gastgarten beginnt sich zu leeren. Ich will gerade gehen, als sich zwei Tische von mir entfernt ein Mann hinsetzt, der vom Ober mit »Guten Abend, Herr Doktor« begrüßt wird. Gepflegte Hände, Nichtraucher, er könnte tatsächlich Arzt sein. Erst nachdem er seinen Kaffee ausgetrunken und bezahlt hat, gehe auch ich nach Hause.

Unter der Dusche kann ich das Wasser auf meiner Haut nicht spüren, denn mein Körper ist von einer dünnen, unsichtbaren Wachsschicht überzogen. Ich trockne mich ab (kann das Handtuch auf meiner Haut nicht spüren), ziehe mich wieder an und lege mich mit den Schuhen aufs Bett. Es beginnt zu dämmern. Ich trinke das erste Glas Whiskey, und das Brummen, das den ganzen Tag über in meinem Kopf war, wird allmählich schwächer. Nach dem zweiten Glas ist es vollkommen verschwunden und ich ziehe meine Schuhe aus. Nach dem dritten schlage ich mein Herz nicht mehr und höre auf zu atmen. Ich versinke in einen wunderbar traumlosen, tiefen Schlaf.

Heute ist Birgit aus Italien zurückgekommen. Ich wäre gerne mitgefahren, aber bei der schlechten ärztlichen Versorgung in Italien war das völlig unmöglich. Wir kennen uns schon

seit der Schule, wo wir nie ein Wort miteinander sprachen. Ein Jahr nach meiner Matura wurde sie Helmuts Freundin und für mich die, derentwegen er immer weniger Zeit zum Klettern hatte. Dann ging er für zwei Jahre ins Ausland. Weil man nicht an jedem beliebigen Tag zum Mond fliegen konnte, war zurzeit der Mondlandungen oft von den Mondfenstern die Rede. Nur wenige Tage im Jahr stehen Erde und Mond so ideal zueinander, um von einem zum anderen in kürzester Zeit zu gelangen. Zwei Planeten, die sich ununterbrochen umkreisen, und doch nur wenige Augenblicke, an denen es möglich ist, vom einen zum anderen zu gelangen. Und obwohl wir uns schon Jahre gekannt und uns während dieser Jahre nicht besonders gemocht hatten, an diesem Abend, als Birgit von einem Besuch aus Amerika zurückkam und mit einer Flasche Whiskey bei mir auftauchte – wie sie da in meinem Zimmer stand, mit ihren langen roten Haaren, die grüne Flasche in der Hand, die sie mir mit einem Lächeln entgegenstreckte: »Kleiner Gruß aus Amerika«, da hatte ich nur einen Gedanken: MONDFENSTER!
In unserer ersten Nacht tranken wir Champagner, und als ich am nächsten Tag sah, dass sie die leere Flasche ganz einfach in den Mistkübel geworfen hatte, wusste ich, dass sie die Frau meines Lebens ist. Wir sind jetzt seit einem Jahr ein Paar. Auch wenn Birgit nicht meine erste Freundin ist, so ist sie doch meine erste Beziehung. Denn frei nach Nietzsches »Der Mann wird zum Krieger erzogen, die Frau dient seiner Erholung« musste sich jede vor ihr dem Klettern unterordnen. Ein Treffen war nur an Rasttagen oder bei schlechtem Wetter möglich, und wenn ein Urlaub mit ihnen unvermeidbar war, durfte der Urlaubsort nicht weiter als zehn Kilometer vom nächsten Felsen entfernt sein. Bestand eine darauf, mit mir alleine wegzufahren, dann war sie dazu verurteilt,

die meiste Zeit am Einstieg der Wände zu verbringen, um mich zu sichern. Während sich andere in meinem Alter längst eine Existenz aufgebaut hatten oder gerade dabei waren, sich eine aufzubauen, reichte mein Zukunftshorizont gerade bis zum Ende der Schwierigkeitsskala.
In dieses Leben war Birgit geplatzt und hatte es von Grund auf umgekrempelt. Sie verlangt nichts, sie strebt nichts an und bekommt und erreicht doch alles. Deshalb verlangte sie auch nichts von mir und war zufrieden, so wie ich war. Aber sie brachte mich dazu, dass ich ihr beim Leben zusah und Gefallen an dieser Art zu leben fand. Bald trug ich meine Turnschuhe nur noch, wenn ich zum Klettern fuhr, ansonsten Lederschuhe von Materna. Bald besaß ich einige Hemden und sogar ein Sakko von Gaultier. Bald begann ich wieder zu studieren und verbrachte Tage bei herrlichstem Wetter mit ihr, auch wenn es keine Rasttage waren und ich einen Kletterpartner gehabt hätte.
Zum ersten Mal in meinem Leben machte ich Urlaub. Das heißt, wir fuhren für eine Woche nach Budapest, wo es weit und breit keine Felsen gibt, und ich hatte nicht einmal Kletterschuhe im Kofferraum, falls es unterwegs welche gegeben hätte. Sie liebt Barockmusik und wir besuchten Konzerte. Nachdem ich all die Jahre, seitdem ich mit dem Klettern begonnen und immer mit dem Gesicht zur Wand, nichts anderes als Felsen wahrgenommen hatte, stand ich durch Birgit nun plötzlich mit dem Rücken zur Wand. Durch sie tauchte ich in eine für mich völlig neue Welt ein, in eine Welt, in der man Lederschuhe trägt und Konzerte besucht, in der ein schöner Tag da ist, um einen schönen Tag zu verleben, und nicht, um genutzt zu werden. Durch sie begann ich zu erkennen, dass auch abseits der Felsen Leben existiert.
Mit Birgits Rückkehr aus Italien ist auch die Sehnsucht nach

diesem Leben zurückgekehrt. Die letzten Wochen haben mich in die tiefsten Winkel meiner selbst zurückgedrängt. Nichts findet den Weg aus mir heraus, nichts den Weg zu mir hinein. Ich habe mir wie ein kleines Kind vor lauter Angst die Decke über den Kopf gezogen und mir eingeredet, dass es die Welt da draußen gar nicht gibt. Während der paar Tage, die sie in Italien war, habe ich begonnen, mich unter der Decke wohl zu fühlen, und mir so etwas wie Normalität vorgemacht. Jetzt aber ist Birgit wieder da und versucht mir die Decke wegzuziehen.

»Gehen wir ins Kino?«

»Ich kann nicht, ich bekomme im Dunkeln keine Luft!«

»Gehen wir etwas essen?«

»Ich kann nicht so lange in einem Lokal sitzen!«

»Fahren wir aufs Land?«

»Ich kann nicht, dort gibt es keine Ärzte!«

»Gehen wir spazieren?«

»Ich kann nicht, mir ist so schwindlig!«

Irgendwo da draußen ist Birgit und ruft nach mir. Bis zur Unerträglichkeit, denn ihr Rufen kommt aus einer Welt, die ich nur noch aus der Erinnerung kenne, nach der ich mich sehne und zu der zurück ich keinen Weg mehr finde.

3

Endlich am anderen Ende des Seiles angekommen, dort wo das Abenteuer zu Hause ist, stellte sich bald heraus, dass ich gar nicht so schlecht klettern konnte, und so fanden sich immer mehr, die ein Auto und keine Prinzipien hatten. Irgendjemanden gab es immer, der zumindest ein Seil halten konnte, und so fuhr ich jedes Wochenende in den Hochschwab oder

ins Gesäuse, und die Sommerferien verbrachte ich in den Dolomiten. Als Fünfzehnjähriger genoss ich es, von wesentlich Älteren als gleichwertiger Kletterpartner akzeptiert zu werden. Auch wenn das Alter jetzt kein Kriterium mehr dafür war, wer vorsteigt: das Können wurde es immer mehr. Jede Route hat ihre Schlüsselseillängen, sei es auf Grund ihrer Schwierigkeit oder auf Grund ihrer Gefährlichkeit, und es war selbstverständlich, dass der Bessere diese Seillängen vorsteigt. Wenn einer erzählte, diese oder jene Route gemacht zu haben, wurde er sofort gefragt: »Wer hat die sechzehnte Seillänge geführt?«, »Wer hat den Überhang geführt?«. Und wenn er nicht mit »ich« antworten konnte, dann hatte er sie nicht wirklich gemacht, sondern war in den Augen der anderen nur mitgeklettert. Vor allem konnte der Bessere bestimmen, welche Routen geklettert werden, denn schließlich übernahm er die Verantwortung für den Erfolg.
So wurde aus meiner anfänglichen Lust am reinen Abenteuer bald der Ehrgeiz, einer der Besten zu sein. Was für Läufer die Zeit und für Weitspringer die Weite sind, das wurden für mich die Berge: ein objektiver Maßstab, an dem wir unsere Leistungen vergleichen konnten. Wer die Dachl-Nordwestwand klettern konnte, war besser als einer, bei dem es nur für die Rosskuppenkante reichte. Wenn beide die Dachl-Nordwestwand hinter sich gebracht hatten, war der besser, der schneller war. Der Beste war aber immer ich, denn wer die Dachl-Nordwestwand schon mit fünfzehn Jahren klettern konnte, war auf jeden Fall besser als einer, der sie erst mit zwanzig klettern konnte. Damit erst gar kein Zweifel darüber aufkam, schrieb ich in die Wand- und Gipfelbücher meinen Namen, die Zeit, die ich für eine Route benötigt hatte, und mein Alter. So einfach war das.
Das Maß aller Dinge war aber das Buch »Im extremen Fels«

von Walter Pause, in dem die hundert schwierigsten Routen der Alpen aufgelistet sind. Mein Ehrgeiz war es, einmal alle gemacht zu haben, denn bisher gab es noch keinen, der das geschafft hatte. Der Deutsche Klaus Werner war nach der neunundneunzigsten tödlich verunglückt. Beginnend bei der Ailefroide-Occidentale-Nordwestwand in der Dauphine am westlichsten Rand der Alpen bis hin zur Schartenspitz-Ostkante im Hochschwab an ihrem östlichsten Rand widmete Pause jeder Route genau zwei Seiten. Auf der rechten Seite ein gestochen scharfes Foto von Jürgen Winkler, auf der linken eine Routenskizze und einige Geschichten über die Tour. Auf der Innenseite des Umschlages war eine Landkarte abgebildet, auf der mit Zahlen die Lage aller im Buch aufgelisteten Routen eingezeichnet waren – das war die Schatzkarte meiner Träume.

Der Winter war die Zeit der Sehnsucht. Während sich die Berge unter eine dicke Schneedecke zurückzogen, blätterte ich stundenlang in Pauses Buch und las zum hundertsten Mal dieselben Geschichten. Ich hängte Fotos von den Wänden, die ich im nächsten Jahr machen wollte, über das Fußende meines Bettes und vorm Einschlafen kletterte ich in Gedanken die wichtigsten Routen. Im Frühjahr begann ich einen Traum nach dem anderen zu verwirklichen. Wenn ich dann endlich am Einstieg einer Wand stand, von der ich den ganzen Winter über geträumt hatte, war mir, als hätte ich einen alten Bekannten wiedergesehen. Sobald ich den ersten Griff in die Hand nahm, hatte ich das Gefühl, ein kleines Stück dieses Traumes in die Hand genommen zu haben, und mit jedem Schritt höher zog ich mehr davon hervor und ließ ihn Wirklichkeit werden. Nach zwei Jahren hatte ich noch einundsechzig Träume. Die Namen von neununddreißig Routen hatte ich im Inhaltsverzeichnis vom »Extremen Fels« bereits mit Kugelschreiber eingekreist und vermerkt, mit wem ich sie wann, in welcher Zeit geklettert war.

Heute frage ich mich, wie ich diese Zeit überleben konnte, denn je besser und sicherer wir uns fühlten, desto leichtsinniger und verrückter wurden wir. Als Bester galt der, der die wenigsten Sicherungshaken verwendete und die schwierigsten Routen auch bei schlechtestem Wetter am schnellsten kletterte. Die Angst ist das stärkste Gefühl, an das ich mich aus dieser Zeit erinnern kann. Doch anstatt mich abzuhalten, trieb sie mich förmlich in das, was ich fürchtete. Die Berge waren ein einziger Abenteuerspielplatz für mich und mein Spiel hieß »Überleben«.

Bergsteiger unterscheiden zwischen objektiven und subjektiven Gefahren. Steinschlag, Wetterumschwünge oder Lawinen sind objektive Gefahren, weil sie vom Bergsteiger nicht beeinflusst werden können. Er muss sie kalkulieren und ihnen möglichst aus dem Weg gehen. Subjektive Gefahren sind vermeidbar, denn es sind Gefahren, die im Bergsteiger selbst liegen, wenn er zum Beispiel zu schlecht für eine Route ist, ungenau sichert oder die falsche Ausrüstung mitnimmt. Diese Unterscheidung hatte für uns überhaupt keine Bedeutung. So galt für uns der Grundsatz: Es gibt kein schlechtes Wetter, es gibt nur schlechte Kletterer. Was zur Folge hatte, dass wir nur selten mitten in einer Wand vom schlechten Wetter überrascht wurden, einfach deshalb, weil es entweder bereits schlecht war, als wir einstiegen, oder weil wir genau wussten, dass es schlecht werden würde. Ich war mehrmals in der Pala-Gruppe unterwegs, aber wie es dort aussieht, kenne ich nur von Fotos. Das Wetter war jedes Mal so schlecht, dass kein einziger der Berge, die ich dort bestieg, zu sehen war. Wir stiegen bei Donnergrollen in den Buhlriss auf die Cima Canali ein und mussten vom Gipfel vor dem voll ausbrechenden Gewitter fliehen, ohne zu wissen wohin, denn wo der Abstieg war, wussten wir nicht. Dass es objektive Gefahren gab, war uns bewusst, dass sie kalkulierbar und vermeidbar sind, nicht. Subjektive Gefahren waren objektive Gefahren für uns. Wenn wir in schlechter Form waren oder die falsche Ausrüstung mithatten, dann war das ein objektives Problem, das es zu bewältigen galt, so wie brüchigen Fels oder eine Schneewechte am Ausstieg. Aber ich kann mich nicht erinnern, dass objektive Probleme jemals ein Grund zur Umkehr waren.

Auch nicht beim Franzosenpfeiler am Crozzon di Brenta, als ich mit Karl und Manfred wieder einmal viel zu spät am Einstieg stand. Einige Seilschaften hatten das erste Wanddrittel bereits hinter sich gebracht und waren gerade in den ungemein brüchigen Seillängen unterwegs, die zur Schlüsselpassage führen. Andauernd traten sie Steine los, die pfeifend und brummend auf uns zugeflogen kamen, neben uns zerplatzten und den Gestank von Schwefel in der Luft zurückließen. Wir setzten unsere Helme auf, die uns bei der Größe dieser Steine ungefähr so viel geholfen hätten wie einem Frühstücksei die Schale, wenn der Löffel auf es niedersaust. Unter diesen Umständen wäre es vernünftiger gewesen, zweihundert Meter weiter links der Falllinie, beim anderen Einstieg zu beginnen, wo wir geschützt gewesen wären, aber dieser Einstieg wurde der »klassische« genannt, was soviel bedeutete wie der leichtere. Deshalb kam das für uns nicht infrage. Ich kletterte die erste Seillänge hinauf, machte Stand und sicherte Manfred und Karl nach. Manfred war Apotheker, Karl war Gärtner und genauso kletterten sie auch. Manfreds Hände waren daran gewöhnt, mit der Apothekerwaage Pulver auf den Milligramm genau zu mischen, aber sicher nicht daran, sein eigenes Körpergewicht zu halten. Indem ich kräftig am Seil zog, nahm ich ihm ein paar Kilo ab und so stand er nach fünfzehn Minuten völlig erschöpft neben mir. Ungefähr dreißig Seillängen, einige wesentlich schwieriger als diese, hatten wir noch vor uns, aber darin sah ich kein besonderes Problem. Als Manfred bei mir ankam, hatte Karl gerade zwei Meter geschafft. Wer davon lebt, etwas in die Erde zu stecken, und Wochen, Monate oder sogar Jahre darauf zu warten, bis daraus etwas geworden ist, für den hat Zeit eine völlig andere Bedeutung. Für Karl war sie etwas, das für ihn arbeitete, etwas, das er vergehen lassen musste, um die Früchte seiner Arbeit ernten zu können. Ich war da völlig anderer Meinung. Noch immer zerplatzten andauernd Steine neben uns am Fels und durch die Seilsicherung konnten wir ihnen jetzt nicht mehr ausweichen und mussten hoffen, dass der kürzeste Weg zum Boden, den sie offensichtlich suchten, nicht dort vorbeiführte, wo sich gerade einer von uns befand. Es war schon fast Mittag und achthundert Meter Fels lagen noch vor uns, während Karl zwei Meter über dem Boden stand und in aller Ruhe die nächsten fünf Zentimeter studierte. Überraschenderweise war es gar nicht schwierig, ihn davon zu überzeugen, dass es besser wäre, wenn er heute einen Rasttag machte. Ich ließ ihn am Seil zum Boden zurück und kletterte mit Manfred weiter, nachdem ich ihm versprechen musste, alle Seillängen vorzusteigen.

Es war ungewöhnlich heiß für diese Höhe und für eine Nordostwand. Als wir nach dreihundert Metern etwas trinken wollten, mussten wir feststellen, dass wir mit Karl auch alle Getränke, die er im Rucksack hatte, hinuntergelassen hatten – genauso wie den Biwaksack, unseren einzigen Schutz für die Nacht, falls wir es nicht im Tageslicht bis zum Ausstieg schaffen würden. Dafür hatte ich Karls Geldtasche und seinen Pullover in meinem Rucksack. Schon bald machte sich der Flüssigkeitsverlust bei mir bemerkbar und ich bekam Krämpfe in den Unterarmen. Der Franzosenpfeiler war zu dieser Zeit bekannt für seine schlechte Absicherung. Oft musste man ganze Seillängen ohne Zwischensicherung klettern und die Stände waren auch nicht die besten. Als Vorsteigender einen Krampf in einer schwierigen Kletterstelle zu bekommen, war daher mehr als bedrohlich. Und die schwierigsten Seillängen lagen noch vor uns! Doch noch war es Zeit umzukehren. Wir hätten nur nach links queren und den klassischen Abstieg abklettern oder abseilen müssen. Deshalb kletterten wir weiter. Irgendwie schafften wir es, bei Tageslicht nicht nur zum Gipfel, sondern sogar auch über den langen Abstieg bis zur Hütte zu kommen. Karl war sichtlich erleichtert, als wir endlich auftauchten, denn es war für ihn keine angenehme Vorstellung gewesen, die ganze Nacht ohne Geld in der Hütte zu sitzen.

Irgendetwas Unvorhergesehenes (eigentlich Vorhersehbares) passierte bei fast jeder Tour. Wenn man sich vom Gipfel des Torre Trieste abseilt, hat man nichts als achthundert Meter Luft unterm Hintern. Ich hänge das Seil in einen Karabiner, den ich am Klettergurt befestigt habe, und stoße mich vom Fels ab. Nach etwa zehn Metern löst sich plötzlich der Gurt (eigentlich öffnet er sich nicht, sondern ich habe vergessen, ihn zu schließen) und ich hänge nur noch mit den bloßen Händen am Seil. Der Fels ist an dieser Stelle senkrecht und ich weiß, dass ich mich mit dem riesigen Rucksack am Rücken nicht lange werde halten können. Die einzige Möglichkeit ist der Weg nach oben. Mit letzter Kraftanstrengung gelingt es mir, mich ungesichert zum Abseilstand hinaufzuhangeln.

Ich führe die letzte Seillänge durch die Rosskuppen-Nordwand. Am Gipfelgrat steige ich ein paar Meter auf die andere Seite des Grates hinunter und sichere Robert nach. Da ich mich jetzt praktisch auf der anderen Seite des Berges befinde und das Seil zuerst ein paar Meter von mir nach oben geht, bevor es über die Kante in die Nordwand zu Robert hinunterläuft, verzichte ich auf eine Selbstsicherung. Nach ein paar Metern lässt sich das Seil plötzlich nicht mehr einziehen, ich schreie, so laut ich kann, um zu erfahren, was los ist. Da ich aber auf der anderen Seite des Berges bin, hört Robert mich nicht. Also steige ich auf den Grat zurück, beuge mich, noch immer ungesichert, über die Nordwand und rufe nach ihm. Wieder keine Antwort. In dem Moment, als ich einen Schritt zurück auf die andere Bergseite mache, spannt sich das Seil mit einem heftigen Ruck und zieht mich in Richtung Grat. Ich lasse mich fallen und kann so im letzten Moment verhindern, dass es mich über die Nordwand zieht. Wäre Robert nur eine Sekunde früher gestürzt, als ich noch am Grat stand, dann hätte er mich unweigerlich über die Kante gezogen und wir wären gemeinsam die Nordwand runtergeflogen, denn ich hatte in der letzten Seillänge keine einzige Zwischensicherung eingehängt. Robert hat bis heute nicht erfahren, wie es damals wirklich war, denn als sein blasses Gesicht am Grat auftaucht, lasse ich mir nichts anmerken.

Ich wusste, dass es gefährlich war, und ich wusste, dass Angst der Verwirklichung meiner Träume nur im Weg stehen würde. Wenn Zeichentrickfiguren über einen Abbruch laufen, dann laufen sie noch ein Stück in der Luft weiter und stürzen erst ab, wenn sie bemerken, dass sich unter ihnen nur Luft befindet. Oft lief ich über den Abbruch hinaus, lief in der Luft weiter und zwang mich, nicht zu bemerken, dass sich unter mir nur Luft befand.

Die Faszination des Kletterns lag für mich nicht nur im Tun selbst, sondern auch im Träumen von diesem Tun. Die wenigen Stunden, die ich durch eine Wand kletterte, waren oft nichts im Vergleich zu den Wochen und Monaten, die ich während des Winters vor ihrem Foto am Fußende meines Bettes lag und von ihr träumte. An ihrem Einstieg blendete ich alles aus, was nicht zu diesem Traum gehörte oder seine Verwirklichung verhindert hätte. War ich sie geklettert, ersetzte ich schon am nächsten Tag ihr Bild durch das einer anderen Wand, denn niemals träumte ich von dem, was war, sondern nur von dem, was noch sein würde.

Ich war stolz darauf, wie sich die Ringe »Im extremen Fels« vermehrten, aber mehr als diese Ringe um die Namen der Routen, die ich klettern konnte, blieb von ihnen nicht über. Denn die Erinnerungen daran interessierten mich nicht. Mein Leben war bestimmt von ständigem Aufbrechen und Unterwegssein. Meine Eltern wussten, dass ich kletterte, da ich immer gesund zurückkam und ihnen nie erzählte, in welche Gefahren ich mich begab, war ihnen das lieber, als würde ich in Diskotheken herumhängen und mit Drogen experimentieren.

Realitätsflucht! Nachdem ich die ganze Woche in die Schule gegangen war und für die Schule gelernt hatte, packte ich am Samstag meinen Rucksack und flüchtete in die Realität – holte mir ein Stück von dem, was ich wirkliches Leben nannte. Natürlich waren Gefahren Teil dieser Realität und da, um überlebt zu werden, aber nicht um ihnen aus dem Weg zu gehen. Ich war jung und machte aus einer gewissen Unschuld heraus offensichtlich sogar im Falschen alles richtig. So half mir meine Jugend, die ersten drei Kletterjahre zu überleben. Je mehr gefährliche Situationen ich überlebte, desto größer wurde in mir die Gewissheit, dass ich unsterblich bin.

Dann starb Wolfgang!

Ich war gerade in den Dolomiten und wartete auf ihn, um mit ihm die »Carlesso/Sandri« auf den Torre Trieste zu klettern. Er war vor zwei Wochen in die Westalpen gefahren und wir wollten uns in Cortina treffen. Als er nicht auftauchte, rief ich meine Mutter an, und sie sagte mir, dass Wolfgang in zwei Tagen beerdigt wird. Ein Blitz hatte ihn beim Biwak an der Auguille Vert getroffen.

Ich fuhr nach Hause, hielt die Totenwache und warf ihm Latschen aus den Dolomiten ins offene Grab. Am Tag nach der Beerdigung fuhr ich in die Dolomiten zurück und kletterte mit Sepp auf den Torre Trieste. Ich fand, dass ich es Wolfgang schuldig war. Beim Klettern erzählte ich ihm, wie es war, und am Gipfel stand er neben mir.

4

Wenige Wochen nach Wolfgangs Tod wäre auch ich fast gestorben.

Es war bereits Herbst, als Jim, Werner und ich in die Solleder-Führe der Civetta-Nordwestwand einstiegen. Die »Solleder« ist die fünfundsiebzigste Tour im »Extremen Fels« und Pause schrieb, dass jeder froh sein müsse, sie überlebt zu haben. »*... Tiefer Respekt, größte Vertrautheit mit der Wandstruktur und den Erfahrungsberichten, eine perfekte Ausrüstung, ein eminentes technisches Können – das alles kann nicht genug sein, wie vielfache Erfahrung beweist. Hier ist der ganze Mensch gefordert und eine große Portion Bergsteigerglück dazu.*« Derartige Aussagen kosteten uns natürlich nur ein müdes Lächeln, denn erstens wussten wir inzwischen, dass Pause keine einzige der von ihm beschriebenen Routen selbst geklettert war, und zweitens hatten wir schon wesentlich schwierigere gemacht. Natürlich sind 1100 Meter Wandhöhe sehr viel, vor allem im Herbst, wo die Tage kurz und die Nächte bei einem möglichen Biwak kalt sind. Da aber selbst die Erstbegeher nur fünfzehn Stunden für die Wand gebraucht hatten, und das vor dreiundfünfzig Jahren, sahen wir uns bei Einbruch der Dämmerung bereits in der warmen Hütte sitzen und von der Tour erzählen. Der Wetterbericht sagte Kälteeinbruch voraus, und als wir am Einstieg eine Seilschaft schon mindestens zehn Seillängen über uns sahen, dachten wir, dass wir eigentlich schon früher hätten einsteigen sollen. Aber wir konnten auf unsere Schnelligkeit vertrauen!

Ich kletterte mit zwei Seilen voraus und sicherte Jim und Werner gleichzeitig an je einem Seil nach. Ich wusste, dass Solleder damals nur fünfzehn Sicherungshaken für die gesamte Wand benötigt hatte. Mindestens ebenso viele steckten mittlerweile allein in der ersten Seillänge und ich war über jeden einzelnen froh. Kurz kam so etwas wie Respekt vor den Erstbegehern in mir auf, der aber schnell verflog, als in den nächsten Seillängen kein einziger Sicherungshaken mehr folgte. Vorausgesetzt, die Standplatzsicherungen würden halten, bedeutete das, dass ich immer doppelt so weit abstürzen konnte, wie ich mich bereits vom Stand entfernt hatte. Eine Seillänge war im Durchschnitt vierzig Meter lang. Das hieß, wenn ich knapp vorm nächsten Stand stürzte, konnte ich bis zu achtzig Meter tief stürzen: zuerst die vierzig Meter bis zum Stand und dann weitere vierzig Meter, bis das Seil mich fangen würde.

Die Kletterei war mit wenigen Ausnahmen nicht sehr schwierig, aber der Fels war teilweise von Moos überzogen und durch die Regenfälle der letzten Tage ziemlich nass. Wer jemals versucht hat, aus einem Bergsee auf einen nassen, moosigen Stein zu klettern, weiß, was das bedeutet. Die erste Hälfte jeder Seillänge kletterte ich äußerst vorsichtig. Wenn ich aber hinunterschaute und das Seil im weiten Bogen frei bis zu Werner und Jim durchhängen sah, wurde ich immer schneller. So wie Autofahrer, deren Tankanzeige rot aufleuchtet, immer schneller werden, weil sie glauben, dass sie es dadurch eher bis zur nächsten Tankstelle schaffen. Auch wenn es das falsche Denken war – uns brachte es zumindest wertvolle Zeit und so gelangten wir relativ rasch bis zum ersten Schneefeld in ungefähr vierhundert Metern Wandhöhe. Als wir nach einer schwierigen Seillänge das zweite Schneefeld querten, begann es zu regnen. Noch eine Seillänge und wir standen am Fuß der Ausstiegsschlucht, von der Pause schrieb: »*Die Kamine der Ausstiegsschlucht hören bei anhaltenden Schwierigkeiten einfach nicht mehr auf. Und was das in einer 1100-Meter-Wand bedeutet, wenn Nebel, Regensturm und Neuschnee auftreten, weiß jeder Erfahrene.*« Ich hielt mich mit meinen vier Jahren Praxis für ziemlich erfahren. Was es aber bedeutet, wenn »*in einer 1100-Meter-Wand Nebel, Regensturm und Neuschnee auftreten*«, wusste ich erst jetzt, als uns ein Wasserfall empfing. Bevor ich auf die bevorstehende Dusche losgelassen wurde, kramte Werner eine kleine silberne Uhr umständlich aus seinem Rucksack hervor, die ihm seine Freundin Uschi als Glücksbringer mitgegeben hatte. Denn wir wussten, dass sich unser Tempo von nun an drastisch verlangsamen würde. 14 Uhr 10. Genügend Zeit, um umzukehren, vor allem aber genügend Zeit, um weiterzuklettern.

Nach einer Ewigkeit stehen wir völlig durchnässt dreißig Meter höher. Mittlerweile ist der Regen in Schnee übergegangen, was den Wasserfall kleiner, den Fels weißer und die Luft immer kälter werden lässt. Ich versuche mein Glück etwas links der Schlucht, wo sogar einige verrostete Haken stecken. Als der Fels immer vereister wird, hänge ich die Strickleiter in einen dieser Haken und versuche so weiterzukommen. Ich stehe in der letzten Sprosse und suche mit meinen klammen Fingern in der geneigten, aber vereisten Platte über mir einen Griff. Aber meine Finger sind derart gefühllos, dass ich mich nirgendwo halten kann. In dem Moment, da ich vorsichtig zurückzuklettern versuche, bricht der Haken aus und ich stürze zehn Meter kopfüber auf ein schmales Schotterband, werde durch die Wucht des Sturzes weitergeschleudert und stürze weitere zehn Meter, bis das Seil mich hält. Als ich zu mir komme, stehen zwei Werner und zwei Jim mit blassen Gesichtern über mir. Ich erbreche. Ich blute an der Hand und offensichtlich habe ich mir an beiden Füßen Zehen gebrochen. In diesem Zustand kann ich unmöglich weiterhin als Seilerster klettern. Für uns ist das aber kein Grund umzukehren, denn wir haben ja Jim, auf den wir vertrauen können.

Sichtlich beeindruckt von meinem Sturz versucht Jim nun direkt in der Schlucht weiterzukommen. Auch wenn es unglaublich klingt, dass ein Mensch, der sich überhaupt nicht bewegt, trotzdem höher kommt, erreicht er den nächsten Stand und sichert uns nach. Zumindest dachten wir, dass er uns nachsichern würde, denn als wir bei ihm ankommen, sehen wir, dass er an einem einzigen rostigen Haken hängt, der nur drei Zentimeter in einem brüchigen Riss steckt. Werner und ich hängen uns in den Haken und Jim klettert weiter. Wir wissen, dieser Haken wird nicht den kleinsten Sturz halten. Ein Fehler von Jim und wir werden alle drei bis zum Einstieg fliegen. Das Beste wäre, wenn wir uns vom Seil losbinden und jeder für sich sein Glück versuchen würden, so würde immer nur einer abstürzen, ohne die anderen mit sich zu reißen. Vielleicht stürzen wir einer nach dem anderen ab und wir treffen uns am Einstieg wieder (aufeinander treffen!), aber dann würde wenigstens jeder selbst dafür verantwortlich sein.

Nach ungefähr fünfzehn Metern verschwindet Jim hinter einer Biegung der Schlucht und wir können ihn nicht mehr sehen. Das Seil hängt bis dorthin frei durch, und das bedeutet, dass er keine einzige Zwischensicherung hat anbringen können, das bedeutet weiter, dass wir alle drei weiterhin nur an diesem einzigen rostigen Haken hängen, der gerade noch sein eigenes Gewicht halten kann. Plötzlich stockt das Seil, was ein untrügliches Zeichen dafür ist, dass Jim an einer schwierigen Stelle feststeckt, und ein untrüglicher Vorbote dafür, dass er jederzeit auf uns zusegeln kann, an uns vorbei, bis das Seil sich spannt und die gesamte Wucht seines Sturzes zuerst auf uns und dann auf den Haken übertragen wird und wir uns wenig später dort treffen, wo wir vor einigen Stunden eingestiegen sind. Als einziges Lebenszeichen von ihm kommen immer wieder kleine Schneelawinen durch die Schlucht, aber auf unsere Zurufe erhalten wir keine Antwort. Wir beten zu Gott, dass Jim hinter der Biegung eine Zwischensicherung hat anbringen können. Wieder keine Antwort. Plötzlich hören wir, wie sein Körper von einer Seite der Schlucht auf die andere katapultiert wird. Wir reagieren nicht. Werner und ich schauen uns nur an. Nie werde ich seinen Blick vergessen.

Mein Sitznachbar in der Mittelschule war mathematisch nicht gerade begabt. Bei jeder Schularbeit hatte er entweder ganz knapp eine positive Note ergattert oder diese ganz knapp verfehlt. Und wenn dann der Lehrer die Hefte zurückgab – zuerst die Fünfer, dann die Vierer usw. – und er dann seines als Zehnter erhielt, wo er schon der erste Vierer hätte sein können, aber eben auch einer der letzten Fünfer, dann gab er sein Heft immer mir und ich musste nachsehen. Ungefähr so, wie er mich damals ansah, kurz bevor ich ihm die Note sagte, so sieht mich jetzt Werner an, nur viel intensiver … Eingehüllt in eine Schneewolke taucht Jim über uns auf. Dann spannen sich die Seile und er bleibt ein paar Meter über uns hängen. Vier minus! Hat er also doch eine Zwischensicherung anbringen können! Nun hat Jim keine Lust mehr weiter zu führen. Das ist natürlich kein Grund umzudrehen, denn noch haben wir Werner, auf den wir vertrauen können.

War es der Nebel oder war es das Schneetreiben, jedenfalls begann es für diese Jahreszeit verdächtig früh zu dämmern. Wieder kramte Werner die silberne Uhr seiner Freundin hervor. 14 Uhr 10. Scheiße! Irgendwann war dieses verflixte Ding, auf das wir vertraut hatten, stehen geblieben. Oder besser gesagt irgendwo, denn wann wussten wir auf die Sekunde genau. Aber wo? Wenn es noch vor dem ersten Schneefeld stehen geblieben war, dann war es, als wir zum ersten Mal die Zeit checkten, mindestens schon 16 Uhr und damit bei diesen Verhältnissen viel zu spät, um weiterzuklettern. Wie auch immer, Uschi hatte Werner die Uhr ausdrücklich als Glücksbringer mitgegeben, und es war unsere eigene Schuld, sie zur Zeitmessung zu missbrauchen. Jetzt konnten wir nur darauf hoffen, dass sie wenigstens ihren eigentlichen Zweck erfüllte.

Der Fels war von einer dicken Eisschicht überzogen, auf der sich immer mehr Schnee ablagerte. Wir kamen zunehmend langsamer voran und nur hundert Meter unterm Gipfel wurde es endgültig dunkel. Jetzt kamen wir keinen Zentimeter mehr vom Fleck. Wir fanden, das sei ein Grund umzukehren. Es ist natürlich nicht einfach, sich tausend Meter bei schlechtem Wetter in der Nacht abzuseilen, aber wir hatten ja einige Haken, auf die wir vertrauen konnten. Auf unserem Weg nach unten würden wir sie in den Fels schlagen und uns daran abseilen. Doch wir hatten sie vergessen! Wir fanden, das war ein Grund, nicht umzukehren! Andererseits war das auch kein guter Grund weiterzuklettern, denn wieder hingen wir zu dritt an nur einem schlechten Haken. Kurz gesagt, wir saßen fest.

Der Philosoph Buridan erzählt die Geschichte eines Esels, der verhungert und verdurstet, weil er genau in der Mitte zwischen Essen und Trinken steht und gleich hungrig wie durstig ist. Er hat für beides, fürs Essen und fürs Trinken, einen gleich guten Grund. Doch da er sich nicht entscheiden kann, bleibt er in der Mitte stehen und stirbt. Wir waren in der umgekehrten Situation: Wir hatten keinen Grund mehr dafür weiterzuklettern und keinen dafür, uns abzuseilen. So wie Buridans Esel in die Philosophiegeschichte eingegangen war, als typisches Beispiel der Unmöglichkeit eines freien Willens, befanden wir uns auf dem besten Weg, ebenfalls in die Philosophiegeschichte einzugehen, als typisches Beispiel der Unmöglichkeit des freien Handelns. Auch wenn es verlockend war, als erste Kletterer in der philosophischen Literatur genannt zu werden, die Konsequenzen daraus waren es nicht, denn wir waren auf dem besten Weg, dasselbe Schicksal wie dieser arme Esel zu erleiden. Doch ans Aufgeben dachten wir noch lange nicht. Wir fanden nur, der Umstand, dass es schneie, dass wir völlig durchnässt waren, dass es Nacht war, dass wir keinen Zentimeter höher kamen und keine Haken zum Abseilen hatten, sei ein guter Grund, um hier auf diesem schmalen Band zu biwakieren, schließlich hatten wir einen Biwaksack, auf den wir vertrauen konnten.

Ein Biwaksack ist ein etwa zwei mal zwei Meter großer Perlonsack, den man sich zu dritt, wenn man eng genug beieinander steht oder sitzt, über den Kopf ziehen kann. So hält er die Körperwärme ein wenig zurück und bietet einen wenn auch nur minimalen Schutz vor schlechtem Wetter. Wir setzten uns ganz eng nebeneinander auf unsere Rucksäcke und begannen umständlich den Sack über unsere Köpfe zu ziehen. Doch als sein offenes unteres Ende endlich bei unseren Füßen angelangt war, waren unsere Köpfe wieder im Freien. Der Biwaksack hatte ein riesiges Loch. Scheiße! Jim hatte gedacht, seine Frau hätte ihn schon längst repariert. Langsam erkannten wir, dass es nicht gerade viel gibt, auf das man vertrauen kann.

An Schlaf war natürlich nicht zu denken. Die Kleidung, die wir direkt am Körper trugen, war vollkommen durchnässt, und was wir darüber anhatten, war steif gefroren wie eine Ritterrüstung. Hauben oder Handschuhe hatten wir natürlich keine dabei. Wer in der Mitte saß, hatte es am besten, weil er an beiden Seiten von den anderen gewärmt wurde. Deshalb tauschten wir ständig unsere Positionen. Irgendwann während der Nacht hörte es zu schneien auf und ein eisiger Wind begann an unserem Biwaksack zu zerren. Als sich auch der Nebel verzog, hatten wir freien Blick auf die Lichter von Alleghe, einem kleinen Ort am Fuße der Civetta, und wir vertrieben uns die Zeit damit, dass wir uns vorstellten, was die Leute dort unten in ihren warmen Zimmern gerade machten.

Als es in der Früh zu dämmern begann, dämmerte es auch uns, in welcher Situation wir uns befanden: Obwohl wir inmitten einer senkrechten Wand saßen, war um uns herum alles tief verschneit. Wir saßen auf einem kleinen Vorsprung, der höchstens einen halben Meter breit und zwei Meter lang war und von dem aus zwei tiefe Schluchten nach unten zogen. Über uns befand sich eine etwa zehn Meter hohe, geneigte, vollkommen vereiste und verschneite Wand, die zum Fuß eines Kamins führte, durch den in regelmäßigen Abständen kleine Neuschneelawinen kamen, die sich knapp über uns teilten, indem sie auf die geneigte Wand fielen, um dann links und rechts von uns in den Schluchten zu verschwinden. Die vereiste Wand und der Kamin waren der einzige Weg nach oben.

Auf der anderen Seite der Civetta brach ein wunderschöner, nahezu wolkenloser Herbsttag an. Auf der anderen Seite der Civetta, weil wir uns ja in einer Nordwestwand befanden, wo uns die Sonnenstrahlen wenn überhaupt nur für kurze Zeit am Abend erreichen würden. Bei uns wurde es immer kälter und der Sturm wurde immer stärker.

Hatten wir die Nacht noch in der festen Überzeugung verbracht, beim ersten Licht des Tages weiterklettern und so schnell wie möglich aus dieser Wand verschwinden zu können, so waren wir uns jetzt dessen nicht mehr so sicher. Denn kaum versuchte einer von uns weiterzukommen, rutschte er schon nach einem halben Meter auf das schmale Band zurück. Der einzige Haken, an dem wir alle drei hingen, steckte nur bis zur Hälfte im Fels und hätte keinen Sturz gehalten. Daher sicherten wir denjenigen, der gerade wieder einmal versuchte, vom Stand wegzukommen, erst gar nicht mit dem Seil, sondern stellten uns mit ausgestreckten Armen aufs Band, um ihn mit unseren Körpern auffangen zu können, ohne den Haken zu belasten. Es war zum Verzweifeln. Maximal hundert Meter, drei Seillängen fehlten uns, damit wir uns am Gipfel in der Sonne hätten wärmen können. Aber wenn du keinen Zentimeter vorankommst, ist es völlig egal, wie viel noch fehlt, ob tausend Meter, ob hundert Me-

ter, ob zwanzig Zentimeter, es ist immer unendlich viel. Nach etwa einer Stunde setzten wir uns komplett entnervt auf unsere Rucksäcke, um schweigend zu warten. Um die Mittagszeit durchbrach Jim das Schweigen mit einer durchaus berechtigten Frage:
»Worauf warten wir eigentlich?«
»Weiß nicht!«
»Wie lange können wir noch warten?«
Nach einer kurzen Bestandsaufnahme unseres Proviants kamen wir zu dem Schluss, dass wir für etwa zwei Tage zu essen und zu trinken hatten, was sehr großzügig kalkuliert war, angesichts der Tatsache, dass es nichts war, denn wir hatten einfach vergessen etwas mitzunehmen. Das war unangenehm, aber schien uns nicht bedrohlich, denn weder hatten wir Hunger noch Durst. Die größte Bedrohung stellte die beißende Kälte dar und wir wussten, dass wir schon längst erfroren wären, bevor wir verhungern oder verdursten konnten.
»Wenn wir nicht wissen, worauf wir warten, dann hat Warten keinen Sinn!«
Jim hatte Recht. Besser als jetzt konnte das Wetter nicht werden, und auch morgen würde die Sonne nicht im Westen aufgehen oder aus der Nordwestwand eine Südwand werden, damit wir vom schönen Wetter etwas gehabt hätten. Das bisschen Sonne am Abend würde zu wenig sein, um den Schnee zu schmelzen, der wahrscheinlich bis zum nächsten Frühjahr liegen bleiben würde, denn der Winter stand vor der Tür. Ohne Essen und Trinken in der eisigen Kälte zu sitzen waren auch nicht die besten Voraussetzungen, um für die letzten hundert Meter Kraft zu tanken. Also worauf warten? Und wozu? Jim ist Lehrer und war damals schon an die dreißig Jahre alt. Er war verheiratet und hatte zwei Kinder, die zu Hause auf ihn warteten. Ich glaube, deshalb war er es,

der als Erster aussprach, woran ich nicht einmal im Traum dachte:

»Wir müssen um Hilfe rufen!«

Das Bewusstsein, Hilfe zu benötigen, ist ganz etwas anderes, als es auch auszusprechen, und es ist wieder ganz etwas anderes, es so laut auszusprechen, dass es auch andere hören können. Wir fühlten uns wie kleine Schuljungen, von denen der Lehrer verlangt, dass sie vor der ganzen Klasse sagen, dass ihnen ein Streich, den sie verübt haben, Leid tut. Und eigentlich tut ihnen nichts Leid, außer dass sie vor der ganzen Klasse stehen und sich selbst beschuldigen müssen. Als wir daher auf Jims Kommando gemeinsam zu rufen beginnen sollten, war die ersten Male gar nichts zu hören, weil es jeder dem anderen überlassen wollte. Die ersten gemeinsamen »Hilfe!« waren so laut, dass wir sie selbst kaum hören konnten. Und so dauerte es mindestens eine halbe Stunde, bis wir ein klares und lautes »HILFE!!!« herausbrachten.

Die Nacht vor der Wand hatten wir vor der Wand verbracht – in der Tissihütte, nur ein paar hundert Meter vom Wandfuß entfernt. Die Zeit bis zum Einschlafen hatten wir uns verkürzt, indem wir uns über einen deutschen Wanderer lustig gemacht hatten, der nicht nur eine so krächzende Stimme wie die Zeichentrickfigur *Woody Woodpecker* hatte, sondern auch so aussah. Und so war es wie eine Ironie des Schicksals, dass es ausgerechnet dieser *Woody Woodpecker* war, der auf unsere deutlichen »Hilfe!« ein klares »Hilfe naht!« zurückkrächzte.

Als wir am frühen Abend den Hubschrauber hörten, packten wir unsere Rucksäcke und machten uns für die bevorstehende Bergung bereit. Als er aber neben uns auftauchte und der Pilot nach oben zeigte, wurde uns bewusst, dass eine Bergung mit Hubschrauber gar nicht möglich war, weil die Wand an dieser Stelle viel zu steil und der Wind viel zu stark war. Seine Zeichen schienen zu bedeuten, dass man uns von oben her mit Seilwinden aus der Wand holen würde. Als er abdrehte und es langsam dunkel wurde, wussten wir, was sie noch bedeuteten: morgen. Wir setzten uns mit den vereisten Kleidern auf die nassen Rucksäcke, stülpten den kaputten Biwaksack über und warteten.

Während der zweiten Nacht begannen wir zu stinken. Nie werde ich den ekelhaften Ammoniakgeruch, der sich unterm Biwaksack breit machte, vergessen. Der vergangene Tag hatte uns unglaublich viel körperliche Substanz gekostet und in dieser Nacht begannen wir die ersten Anzeichen geistiger Verwirrung wahrzunehmen. Es ist eigenartig, dass wir in dieser Situation, in der sich keiner von uns selbst mehr helfen konnte, immer noch genügend Kraft hatten, dem anderen helfen zu wollen. Weniger aus Mitleid als aus dem Umstand heraus, dass jeder von uns zwei Spiegel hatte, die ihm den eigenen Verfall vor Augen führten, den er nicht wahrhaben wollte. Denn der Ernst der Situation wurde uns weniger am eigenen Zustand bewusst als an dem der anderen. Wenn Werner begann, wirres Zeug zu reden, dann schüttelten wir ihn heftig und holten ihn in die Wirklichkeit zurück. Doch Momente später sah ich mich selbst zu Hause in einer lustigen Gesellschaft beim Abendessen, bis mich heftiges Schütteln in die Wirklichkeit zurückholte. Viktor Frankl beschrieb, wie im Konzentrationslager sein Barackennachbar einmal heftige Albträume hatte und sich stöhnend im Bett hin und her wälzte. Gerade als er ihn wecken und von seinem Traum befreien wollte, erkannte er, dass kein Albtraum der Welt so schrecklich sein konnte wie die Situation, in der sie sich in Wirklichkeit befanden. Also ließ er ihn schlafen und von einer »besseren« Welt träumen ... Ich muss zugeben – an diesem Punkt waren wir gnadenloser.

Am nächsten Morgen saß Werner neben mir und schaute mit einem verklärten Blick auf die kleine silberne Uhr, die er in seinen klammen Fingern hielt. Es war ein absurder Anblick, wie er inmitten der verschneiten Wand im Sturm auf seinem Rucksack saß, mit vereister Kleidung, aus der nur ein verdörrter Kopf mit Helm und zwei Hände aus Marmor ragten, die ein Stück Schmuck hielten, das er ansah wie ein Ding aus einer anderen Welt. Und wie er sich davon ausgehend anscheinend diese andere Welt zusammenbastelte. Eine zierliche Hand, die dieses Ding trägt, eine zierliche Frau, zu der diese Hand gehört, ein kleines Häuschen im Grünen, in dem diese Frau wohnt ...
»Wie spät ist es?«
»14 Uhr 10.«
»Scheiße, wir haben verschlafen!«
Wir durften nicht zulassen, dass einer von uns langsam in eine andere Welt hinüberwanderte, aus der wir ihn nicht mehr zurückholen konnten. Die einzige Möglichkeit, dieses Unglück zu überleben, war, in diesem Unglück zu bleiben. Und die einzige Möglichkeit, im Unglück zu bleiben, ohne daran zu verzweifeln, war, sich darüber lustig zu machen.
»Ha, ha, ha ...«
An diesem Morgen hatten wir bereits Probleme, uns auf den Beinen zu halten, und wir wussten, dass dies der letzte Tag in der Wand sein würde – so oder so! Der Witz mit der Uhr war der letzte für die nächsten Stunden. Denn so fest wir in der ersten Nacht daran geglaubt hatten, beim ersten Morgengrauen aus eigener Kraft aus der Wand zu klettern, so sehr hofften wir auf Hilfe während dieser Nacht. Doch sie kam nicht. Während des ganzen Vormittags saßen wir auf unseren Rucksäcken und dösten. Beim kleinsten Geräusch, das sich wie ein Hubschrauber anhörte, stellten wir uns auf unsere

wackeligen Beine, suchten den Himmel nach ihm ab und setzten uns enttäuscht wieder nieder, weil es immer nur ein Lastwagen im Tal, der Wind oder bloße Einbildung war. Wieder war es Jim, der zu Mittag unsere Situation auf den Punkt brachte:

»Wenn die nicht kommen, dann hat es keinen Sinn, auf sie zu warten!«

Und obwohl uns in unserer Verfassung scheinbar nichts anderes übrig blieb, als zu warten, sagte Jim, dass er es noch einmal probieren wolle. Die Verhältnisse hatten sich seit unseren letzten Versuchen vor eineinhalb Tagen um nichts gebessert. Es musste das Bewusstsein gewesen sein, alles auf eine Karte setzen zu müssen, dass Jim die ersten Griffe halten konnte. Langsam, aber ohne zu zögern kletterte er bis zur ersten Zwischensicherung am Anfang des Kamins und weiter bis zum nächsten Stand.

»Nachkommen – ich kann den Gipfel bereits sehen!«

Beim Nachklettern bleibt mir schon nach dem ersten Schritt die Luft weg und meine Gelenke schmerzen. Ich sehe, wie sich meine Hände an Griffen festhalten und wie sich meine Füße auf Tritte stellen, aber ich kann nichts spüren. Während Werner bereits über mir im Kamin verschwindet, bin ich erst einen Meter über dem Ausgangspunkt.

»Kann ich mich ins Seil hängen?«

»Ja, der Stand ist gut.«

Werner klettert zum Anfang des Kamins auf einen kleinen Absatz zurück und zieht gemeinsam mit Jim an meinem Seil, um mir Gewicht abzunehmen. Jetzt nur noch ein paar Kilo schwer, versuche ich mich wieder hochzuziehen – zwanzig, vielleicht dreißig Zentimeter –, dann muss ich mich wieder mit meinem gesamten Gewicht ins Seil hängen.

»Scheiße – ich schaff's nicht!«

Ich lehne die Stirn an die Wand und weine nicht. Ich spüre nur, wie der kalte Fels meinen Atem zurückwirft.
»Mach schon, ich kann den Gipfel bereits sehen!«
Ich stemme meine Füße gegen den Fels und lehne, im Seil hängend, meinen Oberkörper ganz weit hinaus, damit auch ich den Gipfel sehen kann. Der Sturm hat den Neuschnee dort oben mit sich gerissen und in die Sonne getragen. Über unseren Köpfen tanzt eine Wolke aus glitzernden Diamanten. Plötzlich erscheint inmitten dieser Wolke ein schwarzer Engel. Lautlos schwebt er auf mich zu, umfasst mich mit seinen starken Armen und nimmt mich mit sich mit. Auf seinem Rücken hängend lasse ich die letzten Meter zum Leben an mir vorüberziehen. Die geneigte Wand, den Kamin, einen kurzen Grat. Dann ein Lichtblitz. Ich kann nichts mehr sehen. Aber ich weiß: Ich bin zurück – ich bin am Gipfel.

Die Bergrettung, die uns aus der Wand geholt hat, hüllt uns in Decken und gibt uns heißen Tee. Mit jedem Schluck kehrt das Leben zurück. Ein anderes Leben, denn ein Teil von mir ist auf diesem Band dort unten verfault. Als ich mich vor dem Abstieg ein letztes Mal über die Wand beuge, weht der Wind den Gestank der letzten Tage zu mir hinauf.

Und ich erkenne, dass sich unter mir nur Luft befindet.

5

4. 7. 1989: Hochsommer, ein heißschwüler Tag – mein neunundzwanzigster Geburtstag. Geburtstage haben es an sich, zu überraschen. Du wunderst dich, dass schon wieder ein Jahr vergangen ist, und wenn du die Zahl aus Zuckerguss auf der Torte liest, fragst du dich, ob du tatsächlich schon so alt bist. Wenn du aber alle Kerzen mit einem einzigen kräftigen

Puster erlöschen lässt, feierst du den scheinbaren Triumph über die Zeit. Denn noch war keine Kerze zu viel. Happy Birthday! Ich könnte hundert Kerzen mit einem einzigen Puster ausblasen. Als ich aber den Neunundzwanziger aus Zuckerguss auf der Torte lese, frage ich mich, ob ich tatsächlich noch so jung bin. Neunundzwanzig Jahre gelebt zu haben ist nicht viel. Zwar sind das immerhin 10 585 Tage, wenn ich aber daran denke, an wie viele dieser Tage ich mich noch erinnern kann – vielleicht fünfzig, sechzig oder hundert und von jedem dieser Tage nur an einzelne Augenblicke –, dann habe ich das Gefühl, dass es nicht an ihnen liegen kann. Es sind auch nicht diese neunundzwanzig Kerzen, die mir das Gefühl geben, uralt zu sein, sondern die, die noch nicht auf meiner Torte stecken. Die, die eingerollt in durchsichtiges Plastik dort drüben in der Lade liegen und darauf warten, verwendet zu werden. Die dreißigste, die einunddreißigste, die vierzigste, die fünfundsiebzigste ... denn jedes einzelne Jahr will zuerst 365 Tage lang gelebt werden, und mir erscheint es unmöglich, auch nur einen einzigen Tag davon mit Leben auszufüllen. Und so ist es nicht die Vergangenheit, die mir das Gefühl gibt, alt zu sein, sondern das plötzliche Fehlen von Zukunft. Dabei habe ich immer gedacht, man werde ganz langsam alt. Ein Fältchen hier, ein paar graue Haare dort, und langsam wächst du in eine andere Welt hinein. Aber das stimmt nicht! Irgendwann während der letzten Wochen bin ich als junger Mensch schlafen gegangen und als alter wieder aufgewacht. Irgendwann, während der letzten Wochen habe ich diese Linie überschritten, hinter der das Altsein ist. Bis dahin war alles möglich, weil alles im Werden war. Doch seitdem geht nichts mehr, weil nichts geworden ist. Davor hat es Zukunft gegeben, doch jetzt gibt es nur noch Vergangenheit.

Ich puste alle Geburtstagskerzen aus, zerschneide die Torte und verteile die einzelnen Stücke an die versammelte Verwandtschaft. Ich gieße Weißwein in Kristallgläser und lasse mir zuprosten. Dann öffne ich die Geschenke, die schon seit Jahren aus Kuverts mit Geldscheinen bestehen. Dann gieße ich Weißwein in mein Kristallglas, bedanke mich und sage, dass ich mir nicht so viel erhofft hätte, denn natürlich wird vom Geburtstagskind erwartet, beim Öffnen der Geschenke überrascht zu sein. Aber was sollte schon Überraschendes in einem Kuvert sein? Deshalb tue ich so, als wäre ich von den hohen Beträgen überrascht, die in Wirklichkeit schon seit Jahren immer dieselben sind.

Eigentlich muss ich mich darüber ärgern, dass sie so tun, als würden sie nicht bemerken, dass ich nicht mehr neunzehn bin und jetzt eigentlich schon mehr Geld zum Leben brauche als vor zehn Jahren und dass auch die Inflation ganz spurlos an meinen Geburtstagen vorübergeht. Dahinter steckt natürlich Methode. Damit wollen sie mir nämlich sagen, dass sie sehr wohl wissen, dass ich nicht mehr neunzehn bin, und dass sie gerade deshalb davon ausgehen, dass ich jetzt mein eigenes Geld verdienen sollte. Ich gieße Weißwein in mein Kristallglas nach und spüle damit die Reste meines Tortenstücks und das bisschen Ärger hinunter. Den letzten Rest aus der Flasche schenke ich mir auch noch nach und proste allen zu, und als Birgit vorwurfsvoll auf ihre Uhr zeigt, habe ich keine Angst vor der Angst mehr.

Dabei war ich seit Tagen schon noch unruhiger als sonst, weil ich wusste, was die Tradition an meinem Geburtstag von mir verlangt: Dass ich Birgit in ein vornehmes Restaurant zum Essen einlade. In vornehmen Restaurants dauert ein Abendessen Stunden. Stunden bei gedämpftem Licht und gedämpfter Atmosphäre, bei der die leise Musik im Hintergrund nur durch das Gemurmel der Gäste und das Klimpern von Löffeln, Messern und Gabeln auf Porzellantellern übertönt wird. Stunden, während denen man von aufmerksamen Kellnern beobachtet wird. In vornehmen Restaurants kannst du nicht während des Essens »Ober zahlen!« rufen, aufstehen und gehen, ohne Aufsehen zu erregen. In vornehmen Restaurants gibt es eine Etikette, an die du dich zu halten hast. Genau davor habe ich Angst gehabt, weil ich mir nicht sicher war, ob ich nicht während des Essens »Ober zahlen!« rufen und aufstehen muss, um mich von Birgit ins nächste Krankenhaus bringen zu lassen. Ich habe Angst gehabt, dass ich diese Stunden nicht durchstehen werde.

Jetzt aber, nach ein paar Kristallgläsern Weißwein, habe ich bei Birgits vorwurfsvollem Blick auf die Uhr überhaupt keine Angst mehr, und es erscheint mir lächerlich, dass ich den Tisch unter falschem Namen reserviert habe, für den Fall, dass ich es nicht bis zum Restaurant schaffen würde. Nochmals bedanke ich mich bei allen und tue so, als würde ich beim Abräumen des Geschirrs helfen wollen, bis meine Mutter wie immer abwinkt. Beim Hinausgehen entsorge ich die Kuverts im Altpapiercontainer und ihren Inhalt in meinen Hosentaschen. In dem Augenblick, als wir das Restaurant in einem Schloss, nur zwei Autominuten vom Unfallkrankenhaus entfernt, betreten, bricht endlich das schwere Gewitter los, das sich schon den ganzen Nachmittag über angekündigt hat. Der Ober führt uns an einen Tisch in der Mitte des Raumes, legt zwei riesige Speisekarten (Birgits Karte ohne Preise) und eine Weinkarte vor uns hin und zündet die Kerze am Tisch an. Der erste Gang ist ein Geschenk des Hauses. Mit den Worten »Ein kleiner Gruß aus der Küche« stellt der Ober zwei riesige Teller mit zwei riesigen Silberhauben vor uns hin, und als er sie lüftet, können wir uns davon überzeugen,

wie klein der Gruß wirklich ist, denn darunter befinden sich je eine Fisole (die er Meeresschoten nennt) auf etwas, das aussieht wie Hühnerscheiße (und das er Curryspiegel nennt). Diesmal ist meine Überraschung echt. Draußen tobt das Gewitter und der Wind bläht die langen, schweren Gardinen auf, aber die Fenster werden auf Wunsch der Gäste nicht geschlossen. Herrliches Essen, ausgezeichneter Wein und als Abschluss Kaffee mit Whiskey. Nicht eine Sekunde denke ich während des Essens daran, aufstehen zu müssen. Zu Hause streichen wir uns Butterbrote mit Sardellenpasta und feiern mit Whiskey, dass alles gut gegangen ist.
Morgen beginnt mein 30. Lebensjahr.

Den ersten Tag meines 30. Lebensjahres verbringe ich wie alle Tage der letzten Monate. Wie an allen Tagen während der letzten Monate denke ich auch am ersten Tag meines 30. Lebensjahres, dass er mein letzter sein könnte, wenn ich mich zu weit von einem Arzt entferne und nicht jeden Moment auf eine Flucht vorbereitet bin. Am Vormittag sitze ich im Gastgarten des Café Zotter, am Nachmittag auf den Stufen vor Dr. Rinners Ordination und am Abend lege ich mich mit den Schuhen aufs Bett. Ich habe mir inzwischen ein lückenloses Netz möglicher ärztlicher Versorgung aufgebaut, das von Tag zu Tag immer engmaschiger wird. Auf meinen immer kürzer werdenden Wegen durch die Stadt bleibe ich vor jeder Ordinationstafel neben einem Hauseingang stehen und merke mir die Ordinationszeiten. Bald weiß ich genau, wann ich mich in welchem Teil der Stadt aufhalten muss, um binnen Minuten eine Arztpraxis stürmen zu können.
Natürlich verbringe ich die meiste Zeit ohnedies in der Nähe von Dr. Rinners Ordination. Aber seine Ordinationszeiten haben große Lücken, und außerdem sind kleinere Wege, die

mich aus seiner sicheren Nähe entfernen, unvermeidbar. Dafür ist mein Ordinationsplan unersetzbar. Doch je engmaschiger mein Sicherheitsnetz wird, desto stärker ist auch das Gefühl, dass es mich nicht nur trägt, sondern auch gefangen hält und unfrei macht. Direkt gegenüber vom Uni-Hauptgebäude ist zum Beispiel die Privatordination eines Chirurgen, in der er jeden Donnerstagnachmittag ordiniert. Auch wenn ich schon längere Zeit keine Vorlesungen mehr besuchen kann (denn auch an der Uni gibt es eine Etikette), so gibt es doch immer irgendetwas an der Uni zu erledigen. Donnerstagnachmittag war daher bisher mein Uni-Tag. Doch seit dem 1. Juli sind Uni-Ferien und alle Anlaufstellen sind während des Sommers nur noch vormittags geöffnet, was für mich bedeutet, dass ich erst wieder im Herbst an die Uni kann. So stoße ich immer wieder an die Grenzen der von mir konstruierten Sicherheit, sei es zu einer bestimmten Zeit (zum Beispiel an Sonntagen, wenn alle Ordinationen geschlossen haben) oder an einem bestimmten Ort (wenn ich irgendwohin muss, wo es keine Ordination gibt). Mein manisches Sicherheitsbedürfnis macht mich daher immer unfreier, denn natürlich ist es für mich unmöglich, diese Grenzen zu überschreiten (an Sonntagen halte ich mich immer in der Nähe eines Spitals auf, und niemals gehe ich irgendwohin, wo es keinen Arzt gibt).

Dabei ist dieses Sicherheitsbedürfnis für mich selbst mehr als zwiespältig, denn ich habe noch nie eine gute Beziehung zu Ärzten und Krankenhäusern gehabt. Für mich sind Spitäler Orte, an denen es nach Formalin stinkt, wo man mit einer Spachtel seine Scheiße in kleine Kistchen schmieren und in Eprouvetten pinkeln muss, wo man sich vor allen Leuten ausziehen und auf kalte Untersuchungstische legen muss. Orte, an denen ich mir krank vorkomme und wo ich mir jedes Mal vornehme, mit dem Rauchen aufzuhören und weniger zu trinken. Nie ist es mir in den Sinn gekommen, dass es dort vielleicht Leute gibt, die mir helfen können, denn bisher habe ich noch nie wirklich Hilfe benötigt. Mittlerweile hat sich das natürlich radikal geändert. Doch je öfter ich bei einem Arzt lande, ob wohl überlegt und in Ruhe, auf Grund irgendwelcher Symptome, oder überfallsartig, wenn ich wieder einmal in Panik eine Ordination stürme, desto deutlicher wird, dass Ärzte mir nicht helfen können. Ich schmiere Scheiße in kleine Kistchen, pinkle in Eprouvetten, ziehe mich vor allen Leuten aus und lege mich auf kalte Untersuchungstische. Ich lasse mir literweise Blut abzapfen und zeichne mit meinem Herzen die herrlichsten Bergpanoramen auf das EKG. Und jedes Mal überreicht mir ein Arzt mit beruhigendem Lächeln einen Zettel, auf dem neben Zahlen und lateinischen Worten rot eingekreist O.B. steht. »Ohne Befund, Herr Hrovat, ich kann Sie beruhigen, Sie sind vollkommen gesund. Bei Ihren Werten brauchen Sie überhaupt keine Angst zu haben, dass Sie morgen tot umfallen.« Dabei hoffe ich auf nichts mehr, als dass es endlich ein Ergebnis gibt, damit das alles einen Namen bekommt, den Namen einer Krankheit, und dass es jemanden gibt, der weiß, wie man diese Krankheit bekämpft. Aber immer nur O.B. Keiner muss mir sagen, dass ich vollkommen gesund bin, denn dass ich krank bin, weiß ich selbst. Ohne Befund – das bedeutet für mich nicht, dass ich gesund bin, sondern nur, dass sie noch nichts gefunden haben. Darum gehe ich von einem Arzt zum nächsten, in der Hoffnung, dass er endlich findet, was alle anderen übersehen haben. Aber das Einzige, was mir jeder gibt, sind Beruhigungstabletten und Antidepressiva. Keiner nennt mir den Namen einer Krankheit. Die Tabletten lagere ich in einem Schuhkarton neben meinem Bett, ohne sie jemals einzunehmen, weil ich weiß, dass auch die mir nicht helfen können. Nicht solange das alles keinen Namen hat!

6

1978 – das Jahr, in dem Wolfgang starb. Die Civetta-Nordwestwand ... Ich war 18 Jahre alt und erst seit vier Jahren Kletterer. Heute erstaunt es mich, wie viel Raum diese vier Jahre in meiner Erinnerung einnehmen und wie genau ich diese Erinnerungen den genauen Jahresdaten zuzuordnen vermag. 1975 war das Jahr, in dem ich zum ersten Mal mit der Jungmannschaft in die Dolomiten fuhr und die Scojatoli-Kante an der Westlichen Zinne kletterte. 1976 war das Jahr, in dem ich selbst vorzusteigen begann und im Juni mit Harry die schnellste Begehung der Dachl-Nordwestwand schaffte, das Jahr, in dem ich mit Wolfgang im August in die Dolomiten fuhr, und wir, obwohl es andauernd regnete, die Westliche Zinne-Nordwand, den Tofana-Pfeiler und die Tissi-Führe auf den Torre Venezia kletterten. 1977 mit Sepp die schnellste Begehung der Dachl-Nordwand-Diagonale, die dritte Begehung der Planspitze-Nordwestwand, der Franzosenpfeiler usw. Denn jedes Jahr war ein ganz bestimmtes Jahr, und ich brauche nur an eine Jahreszahl zu denken und weiß, was ich in diesem Jahr erlebt habe. Es gibt ganz bestimmte Erlebnisse – Inseln, an denen der gemächliche Strom der Zeit sich bricht – um die sich andere Erlebnisse, Gedanken und Gefühle sammeln, sodass es mir heute leichter fiele, zu sagen, was ich im Juni 1978 getan, gefühlt und gedacht habe, als mir darüber klar zu werden, was letzte Woche war.

Nach der Civetta dauerte es Wochen, bis ich meine Finger

wieder fühlen konnte. Sie wurden zuerst weiß und schließlich ganz dunkelgelb wie bei schweren Rauchern. Die Haut ging ab, und als das Gefühl endlich zurückkehrte, fiel der erste Winterschnee und beendete die Klettersaison. Diesen Herbst blieb Pauses Buch im Regal, denn zum ersten Mal, seit ich mit dem Klettern begonnen hatte, wusste ich nicht, wie es weitergehen würde. Natürlich hatte ich Ziele, aber die Ereignisse der letzten Monate hatten eine Wand in mir aufgezogen, die verhinderte, dass aus ihnen Träume wurden. Die Ziele waren als Namen und Bilder in meinem Kopf, aber es war mir unmöglich, sie mit irgendeinem Gefühl zu verbinden. Die Wand stand genau im Jetzt, staute alle Gefühle in der Vergangenheit auf und war hoch genug, um keines in die Zukunft überschwappen zu lassen. An der Wand am Fußende meines Bettes hing schon seit dem Frühjahr ein Foto der Civetta-Nordwestwand. Daneben ein Foto von Wolfgang, das ich in der großen Querung der Westlichen Zinne-Nordwand von ihm aufgenommen hatte. Zum ersten Mal in meinem Leben blickte ich zurück, wenn ich in meinem Bett lag und auf die Wand am Fußende meines Bettes schaute. War sie während der letzten Jahre zur Pinnwand meiner Träume geworden, so zeigte sie mir nun, wohin Träume führen können: Das Foto meines toten Freundes. Das Foto der Wand, die auch mir fast das Leben gekostet hätte.

Immer wieder tauchte dasselbe Bild aus der Vergangenheit in meinen Gedanken auf: Ich stehe am Ausläufer des großen Schuttfeldes am Fuße des Peternpfades im Gesäuse und warte auf Wolfgang. Wir sind gerade die Dachl-Roßkuppen-Verschneidung geklettert. So lange haben wir von dieser Route geträumt und so einfach ist die Verwirklichung dieses Traumes gewesen. Mehr noch: Heute hat die Wirklichkeit unseren Traum übertroffen. Deshalb sind wir während des Abstieges über den Peternpfad immer leichter geworden und mit jedem Schritt tiefer immer höher gestiegen. Jauchzend wie ein kleines Kind läuft Wolfgang durch den steilen tiefen Schotter hinunter. Dann macht er nur noch weite Sprünge, versinkt bis zu den Knöcheln im Schotter und kommt die letzten Meter wie ein Slalomläufer auf mich zu. Er legt johlend einen Arm um meine Schultern und zieht mich mit. Umarmt rutschen wir eine kleine Schneezunge hinunter, stürzen und bleiben an ihrem Ende liegen. Wir lachen und schreien, bis uns die Tränen kommen. Das war nur zwei Wochen vor seinem Tod. Auch heute noch vergeht kaum ein Tag, an dem ich dieses Bild nicht vor mir sehe. Wolfgang war mir ein großer Bruder, und ich muss immer daran denken, um wie viel älter ich heute bin, als er es war.

So sehr ich mir der Gefahren bewusst war, so sicher war ich mir, dass es nie einen von uns erwischen würde. Spätestens beim Abstieg von der Dachl-Nordwestwand hätte ich es besser wissen müssen: Wir querten unter der Rosskuppen-Nordwand, als wir plötzlich inmitten blutverschmierter Steine standen. Eine frische Blutspur zog in einen engen Kamin, durch den auch wir mussten. Wir hatten Angst vor dem, was uns da unten erwarten würde, und mussten beim Abklettern aufpassen, nicht in Blut zu greifen. Am unteren Ende des Kamins klebten Haarbüschel und Hautfetzen an den Steinen und dazwischen lagen die Teile eines kaputten Fotoapparats und ein zerfetzter Biwaksack. Die Leiche war bereits weggeschafft worden. Auf der Hütte erfuhren wir, dass ein Kletterer in der Rosskuppen-Nordwand gestürzt und sein Sicherungsseil gerissen war. Wir mussten nicht danach fragen, wer es war, denn wir hatten mit ihm die letzte Nacht zusammengesessen und waren heute Morgen mit ihm gemeinsam zum Einstieg gegangen. Doch sogar jetzt, da ich es selbst miterleben musste, realisierte ich nicht, dass es auch mich einmal erwischen konnte, ja erwischen musste, wenn ich so weitermachte.

Am nächsten Wochenende fuhr ich wieder ins Gesäuse und kletterte die Rosskuppenkante – allein und in Rekordzeit. Beim Abstieg war ich froh, dass der Regen der letzten Tage das Blut weggewaschen hatte. Auch den zerfetzten Biwaksack am Fuße des Kamins hatte der Wind längst fortgeweht. Nur die Teile des kaputten Fotoapparats lagen unverändert im Schotter und hatten zu rosten begonnen. Irgendwann würde sich jemand darüber ärgern, die Teile einsammeln und mit ins Tal nehmen. Dann würde nichts mehr von dem Unfall zeugen.

Angesichts der Tatsache, dass Wolfgang unwiederbringlich gestorben war, war es quälend für mich, daran zu denken, wie wenig gefehlt hätte, damit er noch am Leben wäre. Wenn es am 4. August 1978 in Chamonix schon am Morgen geregnet hätte, vielleicht wäre Wolfgang nicht in die Wand eingestiegen. Wenn er sich am Gipfel der Auguille Vert dazu entschlossen hätte, noch in der Dunkelheit abzusteigen, anstatt zu biwakieren, vielleicht hätte er die Hütte erreicht, noch bevor das Gewitter losbrach. Vielleicht hätte der Blitz in jedem Fall an diesem Tag an dieser Stelle eingeschlagen, und es hätte gereicht, wenn Wolfgang nur zwanzig Meter weiter daneben biwakiert hätte. In all den Kletterjahren hatte ich nie die geringsten Zweifel an dem, was ich tat, weil es mir nie ins Bewusstsein gekommen war, dass ich auch etwas anderes hätte tun können. Es gab immer nur eines zu tun und das tat ich.

Doch nun musste ich erfahren, dass man das Falsche *oder* das Richtige tun kann, und Zweifel und Unsicherheit begannen mein Leben mitzubestimmen. Andererseits ließen die

Nachdrücklichkeit und Vehemenz, mit der das Gewitter Wolfgang getötet hatte, für mich keinen anderen Schluss zu, als dass es so hatte kommen müssen, wie es gekommen war, dass das Unwetter genau in seine Richtung gezogen war, um ihn im Schneeloch, das er gegraben hatte, aufzuspüren und ihn mit vier Blitzen niederzustrecken. Denn es war nicht der erste Blitz, der ihn tötete, es war nicht der zweite und nicht der dritte, erst nachdem ihn der vierte Blitz getroffen hatte, hörte Wolfgang auf zu atmen. Das erzählte mir Hannes, der neben ihm in demselben winzigen Schneeloch gekauert war und den kein einziger Blitz auch nur gestreift hatte. Er war völlig unverletzt geblieben und am nächsten Morgen alleine abgestiegen, um Wolfgangs Bergung zu organisieren.

Trotz der tragischen Ereignisse dieses Jahres war es für mich unvorstellbar, nicht mehr klettern zu gehen. Ich wusste, dass ich in Zukunft vorsichtiger sein musste, aber ich wusste auch, dass es immer noch gefährlich genug sein würde. Denn Ende der Siebzigerjahre war die Schwierigkeit einer Wand untrennbar mit ihrer Gefährlichkeit verbunden, und da mein Ehrgeiz noch ungebrochen war, kam ein Schritt zurück für mich nicht infrage. Das bedeutete, nächstes Jahr wieder in die Dolomiten zu fahren und die Neutouren von Heinz Mariacher und Reinhard Schiestel zu klettern – neunhundert Meter hohe Wände im sechsten Schwierigkeitsgrad mit nur fünf oder sechs Zwischensicherungen. Das bedeutete, immer besser zu werden, um ein immer höheres Risiko auf sich nehmen zu können.

Oft wird von Bergsucht und Bergbesessenheit gesprochen, um zu erklären, warum Menschen immer wieder in die Berge zurückkehren, egal, was ihnen oder ihren Freunden dort zugestoßen ist. Wenn sich einer in den Bergen die Zehen abfriert und im nächsten Jahr mit Spezialschuhen auf den Fußballen wieder in den Bergen herumturnt, wenn einer vom Steinschlag am Kopf getroffen wenige Monate später halbseitig gelähmt wieder in dieselbe Wand einsteigt, wenn diese Gezeichneten dann irgendwann endgültig erfrieren oder erschlagen werden, dann sagen die Pfarrer bei der Beerdigung gern, dass sie Bergsüchtige waren, dass Gottes Schöpfung sie nicht mehr losgelassen habe. Für mich traf das alles nicht zu. Zwar war ich besessen, aber nicht von den Bergen, sondern vom eigenen Ehrgeiz, zwar war ich süchtig, aber nicht nach den Bergen, sondern nach immer größeren Leistungen. Deshalb kam es im nächsten Jahr ganz anders, als ich es mir im Herbst 1978 noch gedacht hatte.

Während meiner ersten Kletterzeit war ich oft mit Gerhard unterwegs gewesen (einer mit Auto, aber ohne Prinzipien). Doch während der nächsten Jahre hatten wir uns aus den Augen verloren, und als ich hörte, dass er sich in der Drogenszene herumtrieb, dachte ich nicht, dass er noch klettern würde. Erst bei Wolfgangs Beerdigung sah ich ihn wieder. Er trug einen bodenlangen Staubmantel, Sandalen und eine Feder im Ohr. Während der Aufbahrung lehnte er an einem Baum neben der Kapelle und sprach mit niemandem. Als sich der Trauerzug hinter dem Sarg langsam in Bewegung setzte, verschwand Gerhard im Friedhofsausgang.
Einige Wochen nach meinem Civetta-Abenteuer tauchte er plötzlich bei mir zu Hause auf und fragte, ob ich ihm einen Schlafsack borgen könnte, weil er ins Velebit, einem Klettergebiet an der kroatischen Küste, fahren wollte. Zu meinem Erstaunen erzählte er mir, dass er nach wie vor oft zum Klettern gehe, nur eben nicht in die Berge. Gerhard ist einer von jenen Typen, die in jeder Sportart, die sie beginnen, entweder Staatsmeister oder zumindest einer der Besten werden.

Deshalb interessierte ihn auch beim Klettern weder die Gefahr (die ja kein sportlicher Maßstab ist) noch irgendein bestimmter Berg (die ja alle schon bestiegen waren), sondern nur die reine Kletterschwierigkeit. Während ich die letzten Jahre in den Bergen mein Leben riskiert und auch fast verloren hatte, an schlechten Haken im brüchigen Fels herumgeturnt war und mir in kalten Biwaks die Finger angefroren hatte, hatte Gerhard sich in den niederen und ungefährlichen Wänden der Voralpen oder in den sonnenbeschienenen Felsen Südfrankreichs und Italiens herumgetrieben – auf der Suche nach der reinen Kletterschwierigkeit, wie er es nannte. Eine Vorstellung, die mir nach der Civetta durchaus verlockend erschien.

Eine Woche nach Gerhards Besuch erfuhr ich aus der Zeitung, dass ich meinen Schlafsack nicht so bald wieder sehen würde. Nach einem Tankstelleneinbruch waren drei Männer verhaftet und anhand eines Videos der Überwachungskamera als Täter identifiziert worden. Einer davon war Gerhard. Er wurde verhaftet, gerade als er sein Auto bestieg, um ins Velebit zu fahren. Diesem Umstand ist die – meines Wissens nach – erste schriftliche Erwähnung des Begriffes »Sportklettern« zu verdanken. Sie findet sich im Verhaftungsprotokoll: Bei der Durchsuchung von Gerhards Auto fanden die Kriminalbeamten nämlich nur Seile und Karabiner (und wahrscheinlich meinen Schlafsack). Als sie ihn ungläubig fragten, ob er etwa Bergsteiger sei, antwortete er: »Nein, Sportkletterer!« Was er damit gemeint hatte, konnten sie wenig später am eigenen Leib verspüren, denn Gerhard hatte die Beute inmitten einer Wand etwas außerhalb von Graz versteckt. Der Richter anerkannte Gerhards Sucht als mildernden Umstand und so kam er mit einer relativ geringen Strafe davon, nur der Entzug im Gefängnis setzte ihm körperlich stark zu.

Als er im Frühjahr wieder auf freien Fuß gesetzt wurde und langsam zu Kräften kam, gingen wir öfter in den Klettergarten oder zu den kleineren Wänden in der Umgebung von Graz. Jedes Jahr nutzte ich die ersten warmen Tage im Februar und im März, wenn die Sonne den Winterschnee wegzuschmelzen begann und die Wände in den Bergen vom Schmelzwasser zu nass oder sogar zu vereist zum Klettern waren, dazu, im Klettergarten für die großen Wände zu trainieren. Doch in diesem Jahr gab es keine großen Wände in den Alpen mehr, durch die ich klettern wollte, und daher auch keinen Grund, dafür zu trainieren. Stattdessen gab es Routen im Klettergarten, von denen Gerhard behauptete, man könne sie völlig frei, das heißt ohne Verwendung von Haken, zur Fortbewegung klettern. Routen, die wir schon hunderte Male geklettert waren, erhielten völlig neue Dimensionen, wenn wir versuchten, sie diesmal frei zu versuchen. Plötzlich entdeckten wir Griffe und Tritte, die wir nicht beachtet hatten, als wir noch mit unseren Steigleitern von Haken zu Haken geturnt waren. Ja, wir entdeckten sogar völlig neue Wandbereiche, die wir bisher übersehen hatten, weil wir niemals daran gedacht hatten, dass man dort frei hinaufklettern könnte. Die Theorie bestimmt, was wir erkennen!

Ein Jahr zuvor, 1977, hatten Reinhard Karl und Helmut Kiene die Pumprisse im Wilden Kaiser erstbegangen und damit die Schallmauer des sechsten Schwierigkeitsgrades durchbrochen. Mit dieser Route hatten sie gezeigt, dass man eine Wand auch ohne Haken und Steigleitern hinaufklettern kann, dass ein Schwierigkeitsgrad nur eine Zahl ist und die Grenze zum Unmöglichen immer dort ist, wo man glaubt, dass sie sei. Keinen einzigen Haken hatten sie in die 300 Meter hohe Wand geschlagen, waren völlig frei geklettert und hatten ausschließlich an Klemmkeilen gesichert. (Nur um in die Pumprisse zu gelangen, die erst in hundert Metern Wandhöhe beginnen, musste man einen Überhang bewältigen, der zu diesem Zeitpunkt nur hakentechnisch zu lösen war.) Da die Route schwieriger war als alles, was sie bisher geklettert waren, und mit 6+ bewertet war, bewerteten sie die Pumprisse mit dem Schwierigkeitsgrad 7. Damit stießen sie die Tür zu einer zu diesem Zeitpunkt noch unvorstellbaren Dimension des Freikletterns auf. Bis zu diesem Zeitpunkt galt 6+ als das Extremste, was man frei klettern konnte. Wer eine solche Route hinter sich hatte, wusste, dass er das Schwierigste im Freiklettern geschafft hatte. Doch nun wurde die Bewertung nach oben offen gelassen, und kein Mensch wusste, ob es möglich wäre, auch noch den achten oder neunten Schwierigkeitsgrad zu klettern und wie solche Routen aussehen würden. Die einzige Möglichkeit, das herauszufinden, bestand darin, immer schwierigere Routen zu versuchen.

Der neue Begriff »Sportklettern« begann sich in der Kletterszene allmählich breit zu machen. Sport mit Bergen in Verbindung zu bringen wurde von vielen eingefleischten Bergsteigern als Frevel empfunden und die Alpenvereinszeitschriften dieser Zeit sind voll von geharnischten Leserbriefen. Der Streit entzündete sich vor allem an den kleinen Säcken, die wir an unseren Klettergurten trugen und die wir Chalkbags nannten. Darin befand sich Magnesia, ein weißes Pulver, wie es auch Turner verwenden, um ihre Hände trocken zu halten. Vor einer schwierigen Stelle tauchten wir unsere Finger hinein, um nicht von den kleinen Griffen abzurutschen. Dadurch hinterließen wir natürlich weiße Flecken an den Wänden, die von vielen als Umweltverschmutzung empfunden wurden, für uns aber Ausdruck eines völlig neuen Lebensgefühls in der Senkrechten waren. Wir hinterließen unsere weißen Flecken und stellten uns vor, wie die anderen Kletterer in den Haken hingen und ehrfurchtsvoll darauf starrten, da sie untrügliche Zeichen dafür waren, dass hier jemand alles völlig frei geklettert war. Innerhalb kürzester Zeit wurde aus dem Sportklettern so etwas wie eine »Bewegung«, und immer öfter mussten wir am Einstieg einer Wand feststellen, dass ihre Griffe bereits weiß waren.

Dabei wusste anfangs niemand so recht, was mit »Sportklettern« wirklich gemeint war, nicht einmal diejenigen, die es selbst betrieben. Zweifellos bedeutete es, dass es nun Regeln gab und nun nicht mehr alles erlaubt war. Diese Regeln, an die man sich halten musste, entsprachen in vielem sicherlich dem, was Reinhold Messner in den frühen Siebzigerjahren gefordert hatte, als er die Bergsteiger dazu aufrief, das Unmögliche nicht zu morden. Tatsächlich hatte es die Entwicklung der technischen Ausrüstung in den letzten Jahren so weit gebracht, dass bei ihrem kompromisslosen Einsatz kein Wandteil unmöglich oder auch nur schwierig zu sein schien. Waren die alten Routen noch den natürlichen Möglichkeiten einer Wand gefolgt, so begann in den Sechziger- und Siebzigerjahren die große Zeit der Direttissimas und man legte Routen wie mit dem Lineal gezogen durch die Wände. Die Sachsen-Direttissima durch die Nordwand der Großen Zinne ist der Prototyp einer solchen Route, die vor keiner Unmöglichkeit Halt machte. War eine Wandzone zu schwierig, bohrte man Löcher in die Wand, schlug Haken hinein, hängte eine Leiter ein, stieg in der Leiter hoch und setzte den nächsten Bohrhaken. Auf diese Weise wurden Bergprobleme nicht mehr gelöst, sondern ausgeschaltet. (Ein Beispiel dazu gibt es allerdings auch aus der Frühzeit des Alpinismus: In der Dachstein-Südwand sprengten Kletterer ein für sie unbegehbares Stück Fels, das ihnen den Weg nach oben versperrte, einfach weg.)

Auf die technischen Errungenschaften – das Dynamit ausgenommen – wollten wir Sportkletterer auch in Zukunft nicht verzichten, jedoch beschränkten wir uns darauf, sie nur zur Sicherung, aber nicht zur Fortbewegung zu verwenden. Darin bestand die Grundregel des Sportkletterns: Eine Route gilt erst dann als geklettert, wenn sie ohne Verwendung von technischen Hilfsmitteln zur Fortbewegung geklettert wird. Die neuen Regeln sollten dazu dienen, um Leistungen vergleichbar zu machen. Doch in dem Punkt, der vorschrieb, keine künstlichen Hilfsmittel für die Fortbewegung zu verwenden, gab es anfangs einige Verwirrung, denn offensichtlich verstand jeder etwas anderes darunter. Wenn sich jemand an einem Haken hängend ausruhte, dann war das für die einen ein klarer Verstoß gegen die Regeln, denn schließlich benutzte er ja ein künstliches Hilfsmittel. Das schon, fanden die anderen, aber er benutzte es ja nicht zur Fortbewegung. Und wie ist es zu werten, wenn jemand stürzte und sein Sturz von einem Haken aufgehalten wurde? Waren Haken überhaupt erlaubt oder durfte nur an Klemmkeilen gesichert werden? Um dieser Verwirrung ein Ende zu bereiten, wurden Begriffe wie »Rotpunkt«, »Rotkreuz«, »AF«, »amerikanisch« usw. eingeführt, die jeder einen anderen Stil bezeichneten. Das einzige Problem dabei: Es dauerte einige Zeit, bis jeder mit jedem Begriff dasselbe meinte.

Früher war das viel einfacher gewesen, denn da gab es Routen, in die sich nur wenige einzusteigen trauten, und wenn man so eine Route gemacht hatte, egal wie, dann war man zweifellos gut. Bei anderen Routen, die von vielen geklettert wurden, war das Kriterium die benötigte Zeit: Je schneller man war, desto besser war man. In den Wand- und Hüttenbüchern stand, wer wann welche Route in welcher Zeit geklettert war. Zum Beispiel:»7. 8. 77, Peter Huber und Franz Maier, Dachl-Nordwand in drei Stunden.« Wenn man es selbst in zwei Stunden geschafft hatte, wusste man, dass man besser war als diese lahmen Schnecken; wenn man hingegen vier Stunden gebraucht hatte, wusste man, dass Peter Huber und Franz Maier verdammte Lügner waren. Doch nun stand hinter den Namen der Routen immer häufiger Kürzel, mit dem man eigentlich nichts anzufangen wusste. Bald wurde die Zeitangabe auch noch weggelassen, und keiner wusste mehr, woran er war.

Routen, die es schon seit Jahrzehnten gab, wurden innerhalb einer Woche dreimal erstbegangen. Am Montag gab es die erste Rotpunktbesteigung, am Mittwoch die erste amerikanische und am Sonntag schließlich die erste AF-Begehung. Wir wussten natürlich, dass diese Begriffe etwas mit dem Freiklettern zu tun hatten und dass der Unterschied darin bestand, ob man sich an Haken ausrasten darf, sie nur zur Sicherung verwendet oder nur an Klemmkeilen sichert. Für Verwirrung sorgte die Zuordnung zu den einzelnen Techniken. Als wir dann auch noch erfuhren, dass manche Routen, von denen wir eben die erste Rotpunkt- oder AF-Begehung geschafft hatten, nachdem wir sie früher immer mit Leitern geklettert waren, bereits vor fünfzig Jahren ganz ohne Haken erstbegangen wurden, waren wir irgendwie verunsichert. Wir hatten gedacht, diese Art des Kletterns sei unsere Erfindung gewesen, und konnten nicht glauben, dass es auch früher schon Rotpunkt- und AF-Klettern gab. Paul Preus hatte schon zu Beginn unseres Jahrhunderts Routen im Alleingang ohne Verwendung von Haken erstbegangen. Andere, die nicht so gut waren wie er, schlugen einen Haken nach dem anderen in den Fels und so wurden diese Routen über die Jahrzehnte immer leichter und besser abgesichert.

Um der Begriffsverwirrung ein Ende zu bereiten, veröffentlichten die alpinen Fachzeitschriften genaue Definitionen: »Rotpunkt: Das Durchklettern einer Seillänge im Vorstieg in einem Zug, ohne die vorhandenen Sicherungspunkte oder das Seil zur Fortbewegung oder zum Rasten zu verwenden. Rotkreis: Das Durchklettern einer Seillänge im Nachstieg in einem Zug, ohne die vorhandenen Sicherungspunkte oder das Seil zur Fortbewegung oder zum Rasten zu verwenden ...«

Ausgestattet mit diesem neuen Regelwerk und Chalkbags machten wir uns daran, eine hakentechnische Route nach der anderen frei erstzubegehen. In diesen Routen steckten viele Haken, die zumeist eine solide Sicherung bedeuteten. Nach den Erlebnissen des vergangenen Jahres genoss ich es, dass die Schwierigkeit einer Wand nun endlich unabhängig von ihrer Gefährlichkeit war. Die Leistung, sie geschafft zu haben – und darum ging es mir letztlich –, war einzig und allein von der reinen Kletterschwierigkeit abhängig und nicht von der Qualität der Sicherungen. Wir probierten praktisch von Tag zu Tag immer schwierigere Routen frei und waren oft selbst überrascht, dass diese oder jene Stelle, die wir jahrelang nur mit Hakenhilfe überwunden hatten, relativ einfach frei zu klettern war. Das größte Hemmnis auf dem Weg zu immer schwierigeren Routen bestand anfangs darin, sich der guten Sicherungen bewusst zu sein und sie zu nützen, um immer näher an die Sturzgrenze oder darüber hinaus zu klettern. Denn wer jahrelang durch Alpenwände mit schlechten oder oft gar keinen Zwischensicherungen unterwegs war, wo jeder Fehler fatale Folgen nach sich zog, dem prägte sich ein Bewusstsein ein, das unweigerlich aktiviert wurde, sobald er ein Stück Fels in die Hand nahm: Ich darf nicht stürzen! Es mag schwierig sein, den Zeitpunkt zu erkennen, an dem aus Spiel Ernst wird. Noch schwieriger ist es aber zu erkennen, ab wann aus Ernst Spiel wird. Denn der Ernst hat etwas Schweres, das sich wesentlich tiefer einprägt und das man nicht so einfach wieder los wird wie die Leichtigkeit des Spieles. Deshalb machten wir nicht nur Klettertraining, sondern auch Sturztraining. Manchmal kletterten wir einige Meter über eine gute Zwischensicherung und sprangen absichtlich aus der Wand, um diese Schwere zu vertreiben. Trotzdem dauerte es Monate, bis ich jene Leichtigkeit erreicht hatte, die notwendig ist, um mit seinen Grenzen spielen zu können.

7

Für Kalifornienurlauber ist das »Yosemite Valley« ein Nationalpark wie viele andere auch und tausende Touristen passieren jährlich von San Francisco kommend die Mautstation am engen Taleingang. Spätestens wenn nach wenigen Kilometern zu ihrer Linken die tausend Meter hohen, senkrechten und überhängenden Wandabbrüche des El Capitan auftauchen, ist der Ärger über die hohen Eintrittspreise vergessen. Mit »Oohs« und »Aahs« suchen sie nach der nächsten Parkgelegenheit, um das Panorama auf Zelluloid zu bannen. Doch die Parkverwaltung hat die Einbahnstraße durch das Tal derart geschickt angelegt, dass es bei der Einfahrt keine einzige Parkgelegenheit mit freier Sicht auf die Wand gibt. Enttäuscht fahren die Besucher weiter, um nach der nächsten Biegung plötzlich auf die sechshundert Meter hohe Norwestwand des Half Dome zuzufahren, die das Tal nach hinten abschließt. Ooh, aah! Nach wenigen Kilometern im Yosemite Village dann die ersten großen Parkplätze. Sie haben ihre von der langen Autofahrt steifen Glieder noch nicht fertig durchgestreckt und die Video- und Fotoausrüstungen noch nicht umgehängt, da nehmen sie ein bedrohliches Tosen wahr. Sie gehen einige Meter, um nachzusehen, woher es kommt – und dann ist er direkt vor ihnen: der Yosemite Fall, einer der höchsten Wasserfälle der Erde. Ooh, aah! Am Abend, bei der Ausfahrt aus dem Tal, werden sie endlich eine Gelegenheit finden, ganz nah am Wandfuß des El Capitan zu parken und zu fotografieren. Erst wenn sie dort enttäuscht feststellen müssen, dass es unmöglich ist, ihn mit einem Normalobjektiv ganz aufs Bild zu bekommen, ohne sich zu Fuß weit von ihm wegzubewegen, wird ihnen die wahre Dimension dieser Wand bewusst.

Einige Touristen, die schon länger dort sind, zeigen aufgeregt in die Wand, als wollten sie auf etwas ganz Bestimmtes aufmerksam machen. Doch die neu Hinzugekommenen können nichts Besonderes entdecken. Jemand lässt sie durch ein Fernrohr, das auf einem Stativ befestigt ist, blicken und ihnen stockt der Atem: Erst jetzt, in vielfacher Vergrößerung, sehen sie Menschen mit nackten Oberkörpern, die sich wie Ameisen die Wand hocharbeiten. Ooh, aah! Das Schicksal dieser Kreaturen lässt sie den Ärger über die unverschämt hohen Preise der Cafeteria in Yosemite Village vergessen.

Für die wenigen Europäer, die sich bereits in den Siebzigerjahren Sportkletterer nannten, war das Yosemite Valley ein Mekka – das Tal, in dem die Götter wohnten. Erst wenige, allen voran Reinhard Karl, hatten Hand an den heißen Granit gelegt und unglaubliche Dinge über das Können der dortigen Kletterer berichtet. Angeblich sei Ron Kauk sechs Monate lang täglich zu einem sechs Meter hohen Block gegangen, bis er ihn endlich besteigen konnte. Selbst die besten Europäer seien bei ihren Versuchen nicht einmal vom Boden weggekommen. Angeblich kletterte John Bacher Routen, die kein einziger Europäer mit Seil klettern konnte, völlig ungesichert. Angeblich kamen Kletterer im April ins Tal, um es erst im November, beim ersten Schnee, wieder zu verlassen. Angeblich erklärten sie ein winziges Zelt zu ihrem ständigen Wohnsitz, und der einzige Anspruch, den sie ans Leben stellten, war, gut zu klettern. Angeblich gehörten Drogen für sie ebenso zum Alltag wie beinhartes und professionelles Training. Mit anderen Worten: Wer etwas auf sich hielt, musste einfach dort gewesen sein.

1979 war mein Maturajahr. Ich ging nun seit dreizehn Jahren zur Schule und jedes einzelne war eine Qual für mich. Vor allem die letzten waren unerträglich gewesen, wenn ich beim schönsten Wetter lernen musste, während die anderen in den Bergen unterwegs waren. Entsprechend waren meine Leistungen. Doch 1979, als ich vor meinen Schulbüchern saß und vom Yosemite träumte, das finanziell weit außerhalb meiner Reichweite lag, begannen meine schlechten Leistungen die ersten Früchte zu tragen: Denn sie ermutigten die gesamte Verwandtschaft zu finanziellen Zusicherungen, sollte ich die Matura wider Erwarten schaffen. Im Juni erfreute ich mit einem Maturazeugnis in der Hand meine Tanten, Onkel, Wahltanten, Wahlonkel, Cousins und Cousinen ersten, zweiten und dritten Grades, meine Geschwister, die Schwiegereltern meiner Geschwister und gute Freunde und Bekannte der Familie mit meinem Besuch. Anfang Juli, zu meinem Geburtstag, schaute ich noch einmal kurz vorbei, um mich für die finanziellen Zuwendungen zu bedanken und von meinen Zukunftsplänen, die zu diesem Zeitpunkt bis zum Yosemite reichten, zu erzählen.

Irgendwann Anfang August lag ich nach einer endlosen Reise endlich im Staub des berühmten Camp IV im Herzen des Yosemite und fiel in einen traumlosen Schlaf. Das Camp IV ist ein Campingplatz, in dem die Kletterer wohnen oder besser gesagt hausen. Während sich alle anderen Campingplätze des Yosemite auf saftigen Wiesen oder an schönen Flüssen befinden, ist der Boden des Camp IV mit Sand und Staub bedeckt. Auf der einen Seite wird es durch die Hauptstraße begrenzt und am vorderen Ende befindet sich ein Transformatorhaus, aus dem es ständig beängstigend brummt. Es gibt keine Duschen und viel zu wenige Toiletten, die noch dazu ständig verstopft sind und deren Türen sich nicht verschließen lassen.

Es war bereits Nacht, als ich mit Angelika, Ulli, Matthias, Sepp I und Sepp II ankam. In den meisten Campgrounds brannten Lagerfeuer und der Geruch von Rauch und Marihuana hing in der Luft. Selbst in dem Stimmengewirr von Spanisch, Japanisch, Englisch, Koreanisch, Italienisch und Deutsch konnte ich erkennen, dass hier nur eine Sprache gesprochen wurde: Klettern. Soziologische Theorien besagen, dass der Zusammenhalt von Gruppen vor allem durch zwei Faktoren gefördert wird: durch ein gemeinsames Ziel oder durch einen gemeinsamen Feind. In dieser ersten Nacht war für mich dieses gemeinsame Ziel bereits unübersehbar. Und als ich am nächsten Morgen von einem unfreundlichen »Are you registered?« aus dem Schlaf gerissen wurde, machte ich Bekanntschaft mit dem gemeinsamen Feind: Parkranger!

Damals kostete das Leben im Camp IV 50 Cent pro Tag. Das ist nicht viel, doch wenn man, so wie viele Kletterer, über mehrere Monate im Tal blieb, kam doch eine beträchtliche Summe zusammen, die sie lieber für Magnesia als zum Schlafen im Staub ausgaben. Sie ließen sich daher nicht registrieren und trachteten danach, keinem der Parkranger zu begegnen, die ständig im Tal patrouillierten und jeden Kletterer danach fragten, ob er wohl registriert sei. Wenn man, so wie wir damals, zu den reichen Kletterern gehörte, die sich 50 Cent pro Tag leisten konnten, gab es ein anderes Problem: Der Aufenthalt im Tal war mit einer Woche begrenzt und konnte höchstens mit einer Sondergenehmigung auf zwei ausgedehnt werden. Nun waren wir nicht extra aus Europa gekommen, um nur zwei Wochen hier zu bleiben. Um für die geplanten zwei Monate wenigstens ein Zelt aufstellen zu können, meldete sich jede Woche ein anderer von uns an, und der Rest musste den Parkrangern aus dem Weg gehen. Zeigte sich ein Ranger in der Nähe des Camps, wurde die Parole »Rangerdanger« ausgegeben und mindestens die Hälfte der Kletterer des Camp IV verschwand bis zur Entwarnung im Wald. Natürlich wussten die meisten Ranger Bescheid, stellten sich dumm und akzeptierten es augenzwinkernd. Einige waren tatsächlich so dumm, andere wussten Bescheid und akzeptierten es nicht. Das waren die wirklichen Feinde. Ihr ganzer Lebenssinn bestand nämlich darin, die Befolgung der parkeigenen Gesetze zu überwachen und Zuwiderhandelnde aus dem Park zu werfen.

Gab es schon vom ersten Morgen an keinen Zweifel über den gemeinsamen Feind, den wir mit allen anderen Kletterern für die nächsten Wochen teilen würden, so waren wir uns wenig später beim gemeinsamen Ziel nicht mehr so sicher. Denn als wir am Vormittag die Felsen in der Nähe des Camp IV entlangspazierten, sahen wir schon von weitem weiße Magnesiaflecken, die sich vom dunklen Granit abhoben. Doch konnten wir uns nicht erklären, wie sie dort hingekommen waren, denn weder sahen wir Hakenspuren noch Griffe – zumindest hatten wir damals noch eine andere

Vorstellung von dem, was ein Griff ist. Wir beschlossen, unseren Urlaub mit einem Rasttag zu beginnen. Ich weiß nicht, was mich damals mehr beeindruckte, die schwierigen Klettereien oder die erste Liebe. Ich weiß nur, dass ich keinem davon gewachsen war. Ich kämpfte tapfer mit beidem, doch vergebens, und am Ende blieb nur die Sehnsucht, es noch einmal versuchen zu dürfen. Zur ersten Liebe: Sie war ein Mädchen. Endlich wussten alle, dass ich nicht schwul bin, vor allem Sepp II, dessen Freundin sie war.

Zum Klettern: Während der nächsten Tage tauchten wir in eine für uns völlig neue Welt des Kletterns ein. Der Ernst, der für uns unweigerlich dazugehörte, war den »Yosemite Climbers« damals völlig fremd. »Easy going« lautete ihre Devise, die sich nicht nur aufs Klettern beschränkte. Es gab welche, die wochen- und monatelang dieselben fünf Meter Fels zu klettern versuchten. Wenn sie es heute nicht schafften, dann vielleicht morgen oder übermorgen oder in drei Wochen, oder nächstes Jahr, oder in zwei Jahren – Zeit spielte für sie keine Rolle. Für viele war das Klettern kein Sport und keine Freizeitbeschäftigung, sondern eine Lebensphilosophie, die sie an einem fünf Meter hohen Block im Wald genauso verwirklichen konnten wie am Mount Everest. Sie hatten der Leistungsgesellschaft den Rücken gekehrt und fuhren mit ihren klapprigen VW-Bussen jahrelang der Sonne nach, um zu klettern. Das bisschen Geld, das sie zum Leben benötigten, verdienten sie durch Gelegenheitsarbeiten oder mit kleinen Geschäften, wie etwa dem Handel mit Hanfprodukten. Es gab da also die tausend Meter hohen Wände des El Capitan und die sechshundert Meter hohe Nordwestwand des Half Dome, und es gab nur wenige Meter hohe Blöcke, die im Wald herumlagen. Für uns waren solche Blöcke bisher nur der Abfall der großen Wände gewesen, aber für die Yosemite Climber hatte jedes Stück Fels dieselbe Bedeutung.»Es hängt nur davon ab, was du daraus machst! Und es hängt nur von dir ab!«, sagte John Bacher, während er eine drei Meter hohe völlig glatte Wand vor mir hinaufkletterte. So als hätte er während des Kletterns unbemerkt alle Griffe und Tritte hinter sich wieder eingesammelt, hob ich selbst keinen Zentimeter vom Boden ab. In mir kam immer mehr der Verdacht auf, dass sich der gesellschaftliche Leistungsgedanke, dem so viele Kletterer den Rücken gekehrt hatten, durch die Hintertür in ihr eigenes Tun geschlichen hatte.

»Was war Ihr höchster Berg?« oder »Haben Sie bereits den Montblanc bestiegen?« sind die ersten Fragen, die man zu hören bekommt, wenn einer erfährt, dass man Kletterer ist. Wenn man auf mindestens viertausend Meter oder sogar auf den Montblanc im Tourenbuch verweisen kann, ist einem Bewunderung sicher. Wenn aber nicht, bleibt einem kaum erspart, einen stundenlangen Vortrag über das Bergsteigen zu halten, darüber, dass der Montblanc im Vergleich zu dem, was man selbst macht, ein Kinderspiel ist. Trotzdem werden beim Zuhörer immer gewisse Zweifel bleiben, ob man tatsächlich so gut ist, wie man von sich behauptet hat, solange man den Montblanc nicht bestiegen hat. Man kann die besten Argumente und Beispiele finden, zum Abschied wird man ein ermunterndes »Na ja, irgendwann wird es mit dem Montblanc schon klappen!« zu hören bekommen. Und so steht am Ende eines langen Bergsteigerlebens mit den schwierigsten Routen oft die Einsicht, dass man sich viel erspart hätte, wenn man nur einmal an einem Rasttag statt ins Freibad auf den Montblanc gegangen wäre.

Ähnliches galt in den Siebzigerjahren selbst unter Bergsteigern. Wenn man von sich behauptete, man sei Sportkletterer und im Yosemite gewesen, kam unweigerlich die Frage: »Hast du eine Route am El Capitan gemacht?« Denn was für Nichtbergsteiger der Montblanc war, das war für Insider El Capitan, wenn sie Laien waren. Wir wollten auf diese Situation gefasst sein und ehrlich gesagt galt auch unser erstes Interesse den Routen auf den Capitan, den so genannten Big Walls und nicht seinem Abfall. Durch unsere erfolglosen Versuche an den Freikletterrouten wurde dieses Interesse nur noch verstärkt. Außerdem war unsere Reise vom Alpenverein großzügig unterstützt worden und der Vorstand erwartete eine Postkarte vom Capitan – mit einer mit Kugelschreiber eingezeichneten Route, die wir geschafft hatten, und nicht mit einem Pfeil, der in den Wald zeigt und unter dem steht: »Hier befindet sich ein Block, den wir besteigen konnten!« Es gab zu dieser Zeit eben noch viele Laien unter den Insidern.

Wir dachten, dass die Big Walls unserem damaligen Können und unserer Erfahrung mehr entgegenkommen würden als die Freeclimbs. Schließlich hatten wir auch in den Alpen schon unzählige hohe Wände durchstiegen, und das oft bei schlechtestem Wetter und nicht unter der kalifornischen Sonne. Obwohl uns bei unserem ersten Big Wall, der Half-Dome-Nordwestwand, eine der bis dahin schnellsten Begehungszeiten gelang, war uns am Ausstieg klar, dass das Einzige, was sie mit Alpenwänden gemeinsam hat, ihre Höhe ist (und der beachtliche Zustieg von vier Stunden!). Das stabile Wetter und die ausgezeichnete Felsqualität zählen zu den erfreulichen Unterschieden.

Die weniger erfreulichen Unterschiede lagen in den hier geltenden strengen Regeln, auch wenn in den Big Walls kaum frei geklettert wurde. Regel Nummer eins: Wo immer es möglich war, musste auf die Verwendung von Haken verzichtet werden. Und dieses »wo immer es möglich war« ließ nur wenig Interpretationsspielraum, denn für die amerikanischen Big-Wall-Spezialisten schienen Haken, vor allem aber sichere Bohrhaken nahezu überall verzichtbar zu sein. Da wurden rasierklingendicke Plättchen nur millimetertief in die engsten Risse geklopft, Klemmkeile von der Größe einer Erbse hinter papierdünne Schüppchen und nach unten gebogene Haken auf die kleinsten Vorsprünge gelegt. Das alles in der Hoffnung, dass sie wenigstens das Körpergewicht halten. Je nach psychischer Verfassung und Drogenkonsum der Erstbegeher steckten alle zehn, fünfzehn Meter oder auch nie rettende Bohrhaken, die Sicherheit bedeuteten.

Das galt natürlich nicht für die Half-Dome-Nordwestwand, die eine der »leichten« Big Walls im Valley ist. Aber uns hakenverwöhnten Europäern reichte es schon, oft ganze Seillängen, ausschließlich an (angeblich soliden) Klemmkeilen gesichert, zu klettern. Deshalb kehrten Sepp II und Hias nach drei Seillängen um und ließen Sepp I und mich allein weiterklettern. Während sich der Seilerste bemühte, trotz Regel Nummer eins möglichst viele verlässliche Zwischensicherungen anzubringen, mühte sich der Seilzweite mit diesem Bemühen ab, denn da gab es auch noch Regel Nummer zwei: Jede Seilschaft muss das von ihr verwendete Material wieder mitnehmen. »Clean climbing« wurde das genannt. Je besser die Sicherungen waren, die der Seilerste anbringen konnte, und je mehr er davon anbringen konnte, desto schwieriger wurde die Arbeit für den Seilzweiten, der sie wieder entfernen musste.

Die schnelle Zeit am Half Dome beflügelte uns derart, dass wir uns schon als richtige »Yosemite Climber« fühlten, die als Nächstes die »Nose« am El Cap angehen würden. Doch dann gab es Streit zwischen Sepp I und Sepp II. Sepp I war Mathematiker, der sehr analytisch an alles heranging. Er war zum

Beispiel der Einzige von uns, der keine Angst davor hatte, ins Seil zu stürzen, weil er wusste, dass es mit dem Teufel zugehen musste, damit es reißt. Sepp II hingegen war Aussteiger, der gerne philosophische Werke von Carlos Castaneda las und Angst vorm Stürzen hatte, weil er wusste, dass es sehr leicht mit dem Teufel zugehen konnte, wenn man an ihn glaubte. Da prallten zwei Welten aufeinander und ich stand in der Mitte. Auch Ulli war Mathematikerin, wogegen Matthias und Angelika Aussteiger waren. Also bildeten sich zwei Gruppen: Sepp I mit Ulli und Sepp II mit Angelika und Matthias. Ulli kochte für die Mathematiker und Angelika für die Alternativen. Gegessen wurde natürlich getrennt. Für mich kochte niemand, nicht einmal ich. Die Stimmung war derart gespannt, dass ich es vorzog, im Supermarkt zu essen: Buritos und Hamburger – immer abwechselnd, heute Buritos, morgen Hamburger usw.

Gegessen wurde zwar getrennt, geklettert aber gemeinsam. Ich kletterte mit Sepp I, Matthias gemeinsam mit Sepp II, sodass die beiden möglichst weit voneinander getrennt waren und zumindest beim Klettern einigermaßen Friede herrschte – aber auch Stille, und das empfand ich als sehr unangenehm. Mir wurde das alles zu viel, und ich beschloss, nun auch nicht mehr zum Klettern mitzugehen. Ich war damals jung und hatte noch romantische Vorstellungen. Ich dachte, dass Klettern auch etwas mit Freundschaft zu tun haben müsse, dass zwei, die eine Wand oder einen Berg besteigen, danach nicht nur miteinander reden, sondern sogar am selben Tisch essen sollten.

Dann beschlossen Sepp I und Sepp II gemeinsam die Nose zu klettern. Das war natürlich eine unglaubliche Enttäuschung für mich. Denn ich war weder mit Sepp I noch mit Sepp II zerstritten, betrachtete mich als neutral und wartete insgeheim nur darauf, dass mich einer von beiden danach fragen würde, ob ich mit ihm die »Nose« gehe. Ich sah mich als moralische Instanz, die, sobald sie eine der beiden Parteien danach fragen würde, auf eine Versöhnung bestanden hätte, damit wir gemeinsam die »Nose« gehen konnten. Aber keiner von beiden fragte mich, sondern sie setzten mich gemeinsam davon in Kenntnis.

»Wir wollen übermorgen die Nose machen. Kommst du mit?«

»Ist alles wieder in Ordnung?«

»Nein, aber wir wollen übermorgen die Nose machen. Kommst du mit?«

»Solange nicht alles wieder in Ordnung ist, komme ich nicht mit!«

»Schade!«

Während der drei Tage, die sie in der Wand waren, lagen Hias und ich am Merced River und betranken uns mit Tequila. Hias, weil er noch zu schlecht für die Nose war, und ich, weil ich eine moralische Instanz war – arbeitslos sozusagen. Jeden Abend gingen oder besser gesagt torkelten wir zum Capitan hinunter, um nachzusehen, ob mit den beiden alles in Ordnung war. Irgendwann während dieser Tage war es auch, dass wir am Einstieg der »Mescalito Wall« standen und fassungslos zum Ausstieg, tausend Meter über uns, hinaufblickten. Es war nicht die erste tausend Meter hohe Felswand, unter der wir standen, aber eine tausend Meter hohe Felswand, die von der Struktur her einer glatten Betonmauer glich, hatten wir noch nie zuvor gesehen. Nur vereinzelt gaben kurze Risse die Linie vor, und da wir wussten, dass die Erstbeger nur ganz wenige Bohrhaken verwendet hatten, war es uns unerklärlich, wie man von Riss zu Riss kommen sollte, ohne einen Nervenzusammenbruch zu bekommen, denn offensichtlich musste man weite Strecken ohne zuverlässige Sicherungen bewältigen. Ein kleiner Hinweis darauf schien im Routennamen verborgen zu liegen:»Mescalito Wall«. Denn *die* Pflichtlektüre der Yosemite Climber war in den Siebzigerjahren nicht etwa der Kletterführer, in dem alle Routen im Tal aufgelistet und beschrieben wurden, sondern es waren die Bücher von Carlos Castaneda. Beschrieb der Kletterführer Routen, die in unserem Vorstellungsvermögen eine andere Wirklichkeit darstellten, so beschrieb Castaneda Wege dorthin. Einer davon hieß Mescalin. Wir legten uns auf eine der abschüssigen Granitplatten direkt am Einstieg auf den Rücken – eine Flasche Tequila zwischen uns – und sahen zum Ausstieg hinauf, über dem rasend schnell weiße Wolken vorbeizogen. Und wir beschlossen, irgendwann da hinaufzuklettern.

Nach drei Tagen kehrten Sepp I und Sepp II ziemlich erschöpft, aber erfolgreich zurück. Das musste natürlich gefeiert werden und so gingen wir ins Four Seasons Restaurant. Sepp I und Ulli um 18 Uhr, Sepp II, Angelika, Matthias und ich um 20 Uhr …

Auch ich versuchte in diesem Jahr zweimal die Nose zu klettern. Dafür bezog ich meine Kletterpartner vom schwarzen Brett am Eingang zum Camp IV, an dem Kletterer ihre Dienste anboten oder darum baten. (Moralische Autorität hin oder her, Hias war einfach zu schwach für die Nose, moralische Autorität hin oder her, eine leichte Route, die auch er klettern konnte, kam nach dem Erfolg von Sepp I und Sepp II nicht infrage!)»Möchte gerne die Nose klettern. Kann keine Seillänge vorsteigen. Habe aber die ganze Ausrüstung« – war ein sympathischer Franzose und mein erster Kletterpartner. Der Versuch mit ihm scheiterte aber bereits in der vierten Seillänge, weil er weder deutsch noch englisch und ich nicht französisch sprechen konnte, und mit einem riesigen Loch im Haul Bag. Der zweite Versuch, mit zwei Deutschen, nach etwa 300 Metern in den Stofeleg Cracks mit einem Dreißig-Meter-Sturz. Ich weiß bis heute nicht, warum ich stürzte. Ich stand in der letzten Sprosse meiner Leiter und versuchte weiter oben einen Klemmkeil zu legen. Plötzlich kippte ich nach hinten und blieb mit einem Bein kopfüber in der Leiter hängen. Gerade als ich versuchte, mich wieder aufzurichten, hängte sich die Leiter aus und ich stürzte mit dem Kopf voraus und dem Rücken zur Wand ab. Ich blieb zwar unverletzt, aber vom Big-Wall-Klettern hatte ich nun endgültig die »Nose« voll. Widerwillig seilten sich die beiden »Hallo, wir machen die Nose! Kommst du mit?« mit mir ab.

Als der Urlaub von Ulli, Hias, Angelika und Sepp I zu Ende ging, hatten Sepp II und ich noch genügend Geld und so lange Zeit, bis es uns ausging. Zeit, die wir dazu nutzten, um uns wie Yo-Yos Short Freeclimbs hinaufzuarbeiten. Das Grundprinzip der Freeclimbs besteht darin, dass eine Route erst dann als geklettert gilt, wenn sie vom Einstieg bis zum Ausstieg völlig frei geklettert wird, wenn also weder Haken noch andere künstliche Hilfsmittel zur Fortbewegung oder zum Rasten verwendet werden. Wer stürzt und im Seil hängt, verwendet definitionsgemäß ein künstliches Hilfsmittel. Er muss zum Einstieg zurückkehren und von vorne beginnen. Bei seinem nächsten Versuch kennt er die Kletterei bis zur Sturzstelle schon besser, kann daher schneller klettern und benötigt weniger Kraft. Daher kommt er bei diesem Versuch wahrscheinlich etwas höher, bevor ihm die Kraft ausgeht und er wieder stürzt. Bei schwierigen Routen wiederholte sich das unzählige Male und so konnte das Durchklettern einer Wand oft Tage dauern. Bezeichnenderweise wurde diese

Technik Yo-Yoing genannt. Wir scheiterten x-mal und am Schluss brachte ein einziger Versuch den Erfolg. So gesehen war Yo-Yoing das Prinzip des systematischen Scheiterns. Es war aber nur im Prinzip ein systematisches Scheitern, denn in Wirklichkeit war es oft frustrierend und alles andere als systematisch. Wenn wir beim ersten Versuch zehn Meter hoch kamen, bevor wir stürzten, hieß das noch lange nicht, dass wir beim nächsten auch nur einen Zentimeter weiter kamen, oft wussten wir nicht einmal, ob wir diese zehn Meter nochmals schaffen würden. Zum Glück gab es oft einen letzten Versuch, der Erfolg brachte und den Frust vergessen ließ. Auch wenn wir an vielen Routen scheiterten, konnten wir bald den für uns unvorstellbaren Schwierigkeitsgrad 9- (5.12. nach amerikanischer Bewertung) klettern. Das Klettern von kurzen Routen war für uns nichts Neues. Auch dass man möglichst frei klettern soll, hatte sich bis zu uns herumgesprochen, doch waren wir es gewöhnt, damit immer irgendwohin zu kommen, wenn schon nicht zum Gipfel, so zumindest bis zum Ausstieg einer Wand. Wenn eine Wand fünfhundert Meter hoch war, dann war die Route auch fünfhundert Meter lang, wenn die Wand zwanzig Meter hoch war, dann war die Route eben auch nur zwanzig Meter lang, aber immer war eine Route ebenso lang wie die Wand hoch, durch die sie führte. So hatte man, wenn man so eine Route geschafft hatte, zugleich auch immer eine Wand geschafft oder einen Berg bestiegen. Doch im Yosemite war es eher selten, dass Freeclimbs auf einem Gipfel oder am Ausstieg einer Wand endeten. Die meisten Routen endeten dort, wo man Haken zur Fortbewegung hätte verwenden müssen oder wo die weitere Kletterei zu leicht und damit uninteressant geworden wäre, oder wo die Erstbegeher einfach keine Lust mehr hatten. Wenn nur die letzten fünfzig Meter einer dreihundert Meter hohen Wand interessant waren, dann nahm man die ersten uninteressanten zweihundertfünfzig Meter nicht in Kauf, um dorthin zu gelangen. Man ging außen herum und seilte sich in die Wand, um nur die letzten fünfzig Meter klettern zu müssen.

Einmal kletterten wir zum Beispiel den »Green Dragon«, eine zwanzig Meter lange Route am Glacier Point, einer sechshundert Meter hohen Wand. Die Kletterei bestand aus einer geneigten, nahezu griff- und trittlosen Platte, und die Hauptschwierigkeit bestand darin, schneller einen Fuß vor den anderen zu setzen, als man zurückrutschte. »La Escuela« ist ein zwanzig Meter langer, leicht geneigter Riss am Fuße des Capitan. Es dauerte Stunden, bis wir überhaupt die Füße vom Boden bekamen, und als wir es endlich geschafft hatten, kam nach wenigen Metern zur reinen Kletterschwierigkeit noch das Problem dazu, dass nur an Klemmkeilen gesichert werden durfte. Wir benötigten unsere ganze Kraft, um uns am Fels zu halten. Doch alle ein bis zwei Meter mussten wir mit einer Hand auslassen und diese Aluminiumstücke im Riss verkeilen, von denen wir uns nicht vorstellen konnten, dass sie einen Sturz halten würden. Kaum hatten wir das Seil eingehängt, verließ uns die Kraft, und wir konnten uns davon überzeugen, dass sie tatsächlich dazu in der Lage waren. Zuerst kletterte Sepp II, bis er einen Keil legen konnte und stürzte. Dann ließ ich ihn zum Boden zurück und kletterte, von ihm gesichert, ein Stück weiter, bis ich einen Keil legen konnte – und stürzte. Dann war wieder Sepp II an der Reihe und so weiter. Am Abend hatten wir ungefähr die Hälfte des Risses geschafft und verstanden, warum es Kletterer gibt, die für solche »Trainingstouren« trainieren. Am Abend des nächsten Tages hing unser Seil endlich im Umlenkkarabiner am Ende des Risses – zwanzig Meter über dem Boden, neunhundertachtzig Meter unter dem Ausstieg der Wand. Wir waren uns einig, die bisher schwierigste Kletterei unseres Lebens geschafft zu haben. Als wir uns am Nachhauseweg noch einmal umdrehten, stand der Capitan in seiner ganzen Pracht vor uns. Doch unsere Route konnten wir nicht sehen – sie war von den Bäumen am Einstieg verdeckt.

Für die unvermeidliche Frage daheim war ich damit aber bestens gerüstet:

»Hast du eine Route am El Cap gemacht?«

Denn ich konnte mit gutem Gewissen antworten: »Ja!«

»Welche?«

»Eine der schwierigsten!«

8

»Es ist schon sonderbar, wohin mich das Leben verschlagen hat«, sagt die schweinsgesichtige Blondine, während sie in sich hineinlächelt und damit beginnt, ihrem Interviewpartner ihr ganzes Leben auszubreiten. Wie sie in einem ganz kleinen Dorf unter ganz ärmlichen Bedingungen aufgewachsen ist und eigentlich etwas ganz anderes werden wollte. Wie das eine das andere ergeben hat, wie eine Kette von Zufällen dazu geführt hat, dass sie heute ist, wo sie ist. »Natürlich«, sagt sie, »ohne meinen Fleiß und ohne meinen Ehrgeiz wäre nie etwas daraus geworden. Aber ohne diese Zufälle hätte mir der ganze Fleiß und der ganze Ehrgeiz nichts genützt.« Dann zitiert sie noch Billy Wilder, der in einem Werbespot für eine Bank einmal gesagt hatte, dass zwar der Zufall über den Erfolg entscheide, dass es aber sonderbar sei, dass immer die Talentierten Erfolg hätten. Ihr bescheidenes Lächeln über der vor Stolz geschwellten Brust beginnt mich allmählich zu nerven. Ich drücke auf den roten Knopf der Fernbedienung und lasse sie mit einem elektrischen Zischen aus meinem Leben verschwinden. Ich kippe Whiskey auf die Eiswürfel im Glas und während ich es vorsichtig schwenke, sehe ich dabei zu, wie sie sich aufzulösen beginnen. Die ganze Welt ist voll von Menschen, die es eigenartig finden, wohin sie das Leben verschlagen hat. Rotwangige, verrotzte Bergbauernkinder, die es dichtend, musizierend, mimend bis in die Bestsellerlisten, die größten Konzerthäuser der Welt oder bis nach Hollywood geschafft haben. Rachitische, blasse Kreaturen, die durch Fleiß und Training schließlich auf dem Gipfel des Olymps stehen. Rechtsanwälte, Ärzte, Schauspieler, Kinderschänder, Terroristen, Nobelpreisträger, Mörder ... sie alle waren einmal Kinder und keiner hätte jemals gedacht, dass sie werden, was sie sind. Die Fleißigen, die Ehrgeizigen, die Faulen, die Guten, die Schlechten ... Irgendwann fällt bei allen ein Körnchen Zufall in die Ursuppe ihrer Anlagen, um das herum sich ihr Leben zu kristallisieren beginnt, das sie dann hinverschlägt, woran keiner gedacht hätte. Doch an meinem eigenen Leben will mir nichts sonderbar erscheinen, außer vielleicht, dass es mich nirgendwohin verschlagen hat. Ich bin jetzt neunundzwanzig Jahre alt und sitze in demselben Zimmer, in dem ich aufgewachsen bin. In demselben Zimmer, in dem vor neunundzwanzig Jahren wahrscheinlich eine Wiege stand, in die mich meine glückliche Mutter legte, nachdem sie nach meiner Geburt endlich aus dem Spital entlassen wurde. In demselben Zimmer, in dem ich meine ersten Schritte tat, mein erstes Wort sprach, mit tintenverschmierten Fingern meine Schulaufgaben schrieb. In demselben Zimmer, in dem ich zum ersten Mal Sex hatte – zuerst mit mir selbst und dann mit jemand anderem. So wie es aussieht, wird irgendwann jemand in dasselbe Zimmer kommen, so wie meine Mutter, vor neunundzwanzig Jahren, als sie mich in meine Wiege legte, mich hochheben, mich hinaustragen und vor der Stadt begraben – wahrscheinlich in derselben Erde, mit der ich als Kind immer gespielt und Burgen gebaut habe. Wenn es tatsächlich in der Macht des Lebens steht, Menschen irgendwohin zu verschlagen, wie diese schweinsgesichtige Blondine, dann hat es mich vergessen!

Das immer heller werdende Geräusch der Eiswürfel sagt mir, dass sie sich nun schon fast vollständig aufgelöst haben. Sirenengesang. Dieses immer heller werdende Klirren der sich auflösenden Eiswürfel war für mich schon immer ein zumindest genauso guter Grund Whiskey zu trinken wie der Geschmack von Whiskey selbst. Ich beginne langsam zu trinken und stecke bei jedem Schluck meine Nase tief ins Glas, um den herrlich kalten Duft einzuatmen. Dann fülle ich es wieder auf. Zuerst mit Eiswürfel dann mit Whiskey.

Eigentlich stimmt es ja gar nicht. Eigentlich habe ich die letzten neunundzwanzig Jahre gar nicht ausschließlich in diesem Zimmer verbracht. Eigentlich habe ich es, vor allem während der letzten fünfzehn Jahre, ich weiß nicht wie oft verlassen. Dieses Zimmer, diese Stadt, dieses Land, diesen Kontinent. Eigentlich habe ich in diesem Zimmer nur von meinem Leben geträumt und es dann immer wieder verlassen, um es zu leben. Natürlich ging es dabei hauptsächlich um das Klettern, und anfangs war ich davon überzeugt, dass alle Träume einmal Wirklichkeit werden. Spätestens in der Civetta-Nordwestwand musste ich erkennen, dass Träume ein Ende haben und dass sie die Wirklichkeit nicht immer erst am Gipfel einholt. Aber mein Gefühl, dass es nur von mir abhängt, ob sie sich erfüllen, blieb davon unberührt. So konnte mir die Wirklichkeit die Sicherheit nehmen, mit der ich bisher gelebt hatte, aber nicht die Lust, immer wieder in die Richtung meiner Träume aufzubrechen. Im Gegenteil, je unsicherer ihre Verwirklichung war, je deutlicher sich ihr Ende abzeichnete, desto entschlossener ging ich auf diese Grenzen zu, um sie zu überschreiten. Doch am Ende zählt nur, was davon übrig bleibt, und jetzt sitze ich wieder in diesem Zimmer und sehe nicht die geringste Möglichkeit, es verlassen zu können. Denn so wenig mich das mögliche Ende meiner Träume abschrecken konnte, so sehr beginne ich allmählich daran zu zweifeln, dass ich ihren Anfang nicht mehr finden kann.

Wie einer, der durch eine tausend Meter hohe Wand klettern möchte und an ihrem Einstieg feststellen muss, dass ihr erster Griff unerreichbar für ihn ist, laufe auch ich immer verzweifelter den Einstieg entlang, um irgendwo Halt zu finden. Wo anfangen? Wie anfangen? Je verzweifelter ich werde, desto größer und unüberwindbarer wird das, was mich vom Anfang trennt. Der Druck der Wirklichkeit wird immer stärker und lässt bald keinen Raum für Träume mehr. Stattdessen ist die Wirklichkeit selbst zu einem einzigen Albtraum geworden.

Der erste Anfall kam völlig überraschend und kippte mich augenblicklich aus der Welt. Doch schon beim zweiten am nächsten Morgen und beim dritten am Nachmittag, als ich jedes Mal auf der kalten, skybezogenen Liege in Dr. Rinners Ordination landete, stemmte ich mich mit aller Gewalt dagegen. Das war nicht ich, das war etwas Fremdes, gegen das ich mich vom ersten Moment an aufbäumte. Schließlich bestand ich auf die Verfügungsgewalt über mein Leben und erklärte es schon vor langer Zeit zu *meiner* Angelegenheit. Auch wenn ich geschlagen war, kaum hatten die Injektionen ihre Wirkung gezeigt, tat ich so, als ob nichts geschehen wäre. Ich

ließ nicht zu, dass etwas anderes als ich selbst die Ursache meines Tuns wurde. Nur durch mich durfte etwas Wirklichkeit werden. Für mich waren das höchstens heimtückische Löcher, in die ich gefallen, aber aus denen ich schon im nächsten Moment wieder herausgeklettert war. Aber ich akzeptierte sie nicht als Teil von mir. Ich spürte, dass jeder Schritt, den ich zurückwich, unwiederbringlich verloren war, denn dann hätte ES gewonnen und wäre Wirklichkeit geworden. Deshalb waren die letzten Wochen ein einziges Rückzugsgefecht, bei dem ich nicht das kleinste Stück dessen, was ich mein Leben nannte, kampflos verloren gab.
Allmählich beginnen die Finger meiner rechten Hand, die das Glas hält, klamm zu werden. Das Klirren der Eiswürfel, der kühle Geruch. Ich bin wunderbar ruhig. Wirklich ist, was wirkt!
Zwei Tage nachdem alles begonnen hatte, fuhr ich mit Christoph zum Klettern nach Oberösterreich. Kaum saß ich im Auto, bekam ich keine Luft mehr. Weiter! Aber schon am Stadtrand von Graz zitterte ich am ganzen Körper und schwitzte. Weiter! Als wir in das schwarze Loch des Gleinalmtunnels einfuhren, der erste Anfall. Weiter! Am Präbichl der zweite Anfall. Weiter! Den Rest der Fahrt saß ich neben Christoph, die Straßenkarte auf dem Schoß, und zählte die Kilometer von Ortschaft zu Ortschaft, wo ich ein Spital oder einen Arzt vermutete. Am leichtesten war es kurz vor, in und kurz nach diesen Ortschaften. Aber dazwischen konnte ich nur zittern, schwitzen und nach Luft ringen. Weiter!
Wieder zu Hause, war mir, als hätte ich eine unglaubliche Reise überlebt. Trotzdem dachte ich, dass ich in Kletterform bleiben müsste. Denn das sei ja alles nur vorübergehend. In zwei Wochen würden wir in den Frankenjura fahren. Da würde alles wieder vorbei sein. Deshalb ging ich auch

weiterhin klettern. Natürlich nicht mehr in weiter entfernte Gebiete, sondern in der Umgebung von Graz. Im Zigeunerloch oder in der Arena, wo ich alle Routen auswendig kannte, spulte mein Körper, sobald er den ersten Griff in die Hand nahm, automatisch Meter für Meter ab. Auch wenn ich vom Aufwachen bis zum Einschlafen atmen und mein Herz schlagen musste, das Klettern ging von selbst. Während es kletterte, atmete ich und schlug ich mein Herz. Selbst wenn ich schon längst vergessen hatte, wie eine bestimmte Kletterstelle zu bewältigen war, mein Körper wusste es. Automatisch nahmen seine Hände die richtigen Griffe, automatisch stellten sich seine Füße auf die richtigen Tritte. Ich musste nicht dafür sorgen, dass er oben blieb, ich musste nur dafür sorgen, dass er am Leben blieb – atmen und das Herz schlagen, aber nicht klettern. Weiter! Ich war es ja gewohnt, mein Leben im Griff zu haben. Diese Vorstellung gibt man nicht so einfach auf. Aber dann der Anfall im Zug und es gab kein Weiter mehr. Erst da kapierte ich, dass das, wogegen ich mich so vehement stemmte, schon längst Wirklichkeit war. Jeder Schritt zurück war schrecklich. Doch der Kampf, ihn zu vermeiden, war die eigentliche Tragödie. Denn je mehr mir mein Leben entglitt, desto fester griff ich zu. Und je fester ich zugriff, desto mehr hielt ich nur noch ein zappelndes, nach Luft ringendes Etwas in Händen. Ich hatte verloren. Zurück!

Von der Arena sind es mindestens zwanzig Kilometer bis zum nächsten Spital in Bruck, vom Zigeunerloch zwar nur zehn Kilometer bis ins Landeskrankenhaus in Graz, aber am Nachmittag herrscht bei der Nordeinfahrt immer derart starker Verkehr, dass man schneller von der Arena in Bruck als vom Zigeunerloch in Graz ist. Egal ob Arena oder Zigeunerloch, der nächste Arzt ist viel zu weit weg, um helfen zu können, wenn ich nicht mehr atme oder mein Herz schlage. In jedem Fall weiter weg als damals im Zug und das war schon verdammt knapp. Deshalb ist es mit dem Klettern nun endgültig vorbei. Anfangs haben die anderen noch angerufen, weil sie mit mir klettern wollten. Ich sagte ihnen, dass es zu heiß sei oder dass ich etwas anderes zu tun hätte. Jetzt ruft keiner mehr an. Ich bin draußen und gehöre nicht mehr dazu. So schnell geht das. Nur Christoph ist übrig geblieben. Wenn wir uns treffen, erzählt er vom Klettern, auch wenn mir das nichts mehr sagt, und ich von mir, auch wenn er nichts davon verstehen kann.

Ich stelle das Glas auf das Tischchen neben dem Bett und ziehe mich aus. Auch die Schuhe, denn ich habe schon genug getrunken. Im Bett liegend rauche ich Zigaretten und trinke Whiskey. Die schweinsgesichtige Blondine, die so stolz darauf ist, wohin sie das Leben verschlagen hat, will mir nicht mehr aus dem Kopf gehen. Was soll das schon bedeuten, dass einen das Leben irgendwohin verschlagen hat und eine Kette von Zufällen dazu geführt hat, dass man ist, was und wo man eben ist? Doch nichts anderes, als dass man nicht weiß, was man will, und dass deshalb der Zufall stärker sein kann als man selbst. Eigentlich armselig! Ich hätte niemals zugelassen, dass ein Zufall den anderen ergibt, und mich so vom Leben irgendwohin verschlagen lassen. Eine derartige Kausalität von Ereignissen hätte ich niemals zugelassen. So etwas würde ich auch niemals Bestimmung nennen. Schon eher Nötigung. Ich hatte ja schon immer eine klare Vorstellung von dem, was ich mein Leben nannte. Ich hatte schon immer Träume und war unterwegs, um einen nach dem anderen zu verwirklichen. Ich ließ die Kausalität der Ereignisse, und nichts anderes sind Zufälle, hinter mir, um mich ganz auf die Kausalität des Handelns zu verlassen. Ich arbeitete hart an den Ursachen, um Wirkungen zu erzielen. Aber nicht irgendwelche Wirkungen, sondern ganz bestimmte, solche, die ich wollte. Deshalb hätte ich mich auch nie darüber gewundert, wer und wo ich war. Ich hatte alles nur mir selbst zu verdanken!

Und jetzt? Plötzlich hat jene sonderbare Art von Ereignissen, die von den einen Zufall und von den anderen Bestimmung genannt wird, die unabhängig davon, ob und wie wir sie benennen, mit einem Schlag die Kontinuität und Linearität meines Lebensflusses durchbrochen, ihn durch ihre Unmittelbarkeit und Unausweichlichkeit infrage gestellt und in völlig ungeahnte Bahnen gelenkt und begonnen, mein Leben zu bestimmen. Zuerst allmählich, dann aber immer unausweichlicher, haben die Ereignisse begonnen, sich zu einer Kette zu vereinen, die dazu geführt hat, dass ich bin, wo ich bin: in meinem Zimmer, ein Glas in der Hand. Letzten Endes muss also auch ich mich darüber wundern, wohin mich das Leben verschlagen hat. Oder, besser gesagt, wohin es mich zurückverschlagen hat. Denn mir ist, als würde es seine ganzen Kräfte dazu aufbieten, nur um alles rückgängig zu machen. Es ist zu einem Spiel mit tausend Karten geworden, und jede Karte, die ich ziehe, hat die Aufschrift »Zurück zum Start«.

Ich trinke das Glas mit einem kräftigen Schluck zu Ende und muss dabei an die Teller denken, aus denen ich als kleines Kind meine Suppe löffelte. Auf ihrer Innenseite waren unterschiedlichste Märchenszenen gemalt, und deshalb kann ich mich nicht erinnern, jemals meine Suppe nicht aufgegessen zu haben. Denn wenn meine Mutter einen vollen Teller vor mich hinstellte, bei dem nur der oberste Rand einer Szene sichtbar war, malte ich mir aus, was sie wohl auf dem Grund zeigen würde. Und als ich mit dem Löffeln begann, hatte ich das Gefühl, auf eine Entdeckungsreise zu gehen, bei der ich

mit jedem Löffel Suppe, den ich aß, ein kleines Stück dieser Szene hervorzauberte. Aber erst am Ende, wenn alles aufgegessen war, konnte ich sie vollständig erkennen und ihren Sinn verstehen.
Aus den Suppentellern sind Whiskeygläser geworden. Kleine Reste der Eiswürfel bleiben zurück. Über Nacht werden sie schmelzen. Und am nächsten Morgen wird mich ein bisschen Wasser am Boden des Glases an den vorigen Tag erinnern. Ich falle in einen wunderbar traumlosen, tiefen Schlaf.

9

Nach unserer Rückkehr aus dem Yosemite nutzten wir die letzten warmen Tage dieses Herbstes, um auch bei uns die ersten wirklichen Sportkletterrouten, so wie wir sie im Yosemite kennen gelernt hatten, zu eröffnen – Routen im siebenten und achten Schwierigkeitsgrad, die nirgendwo hinführten. Aber dann wurde es Winter und mit den immer tiefer sinkenden Temperaturen begann auch das »easy going«, das ich mitgebracht hatte, immer mehr einzufrieren.
Ich war jetzt Student, aber an der Universität gab es nichts, was mich interessiert hätte. Ich war verliebt, aber es gab keine Frau, die damit etwas hätte anfangen können. Ich hatte Ideen für neue Routen, aber es war Winter. Jetzt, da ich die Schule hinter mich gebracht hatte, fühlte ich mich zum ersten Mal in meinem Leben frei, doch konnte ich diese Freiheit nur dazu benutzen, vieles nicht zu machen. Ich verweigerte mich, ohne etwas finden zu können, wofür es sich gelohnt hätte, sich zu verweigern. Uninteressante Vorlesungen, keine Frauen und Winter ... An der Pinnwand meiner Träume hing jetzt ein Schwarz-Weiß-Foto des Capitan, von Ansel Adams

aufgenommen, und natürlich die Routenskizze der Mescalito Wall. Daneben Bilder vom letzten Urlaub: Sepp I in »Anchors Away«, ich in der dritten Seillänge der Nose, Sepp I, Angelika, Hias, Sepp II und Ulli am Tisch unseres Campgrounds sitzend. Wie der stumme Zeuge aus einer vergangenen Epoche hing dazwischen noch immer das Bild von Wolfgang in der Querung der »Cassin« an der Westlichen Zinne. Ich hatte es mit nur einem Reißnagel befestigt und es begann sich allmählich von den Ecken her einzurollen. Neben den neuen Bildern wirkte es schäbig und verblasst, aber ich hatte nicht das Herz, es abzunehmen.

Im Februar ging ich für ein paar Wochen in ein Kloster und im Mai flog ich mit Harry wieder ins Yosemite. In diesem Frühjahr war vom berühmten »easy going« des Camp IV nichts zu bemerken. Wegen Hochwassers überlegte die Parkverwaltung, das Tal zu evakuieren. Eines morgens gab es ein starkes Erdbeben, das einem Kletterer durch einen Felssturz das Leben kostete, und das Klettern wurde für einige Tage verboten. Dann begann es mitten im Mai zu schneien und wir standen mit unseren Shorts bis zu den Waden im Schnee. Als sich das Wasser wieder in den Merced River zurückzuziehen begann, als sich die Erde wieder beruhigt hatte und es endlich wieder wärmer wurde, regnete es plötzlich Asche vom Himmel. Der Mount St. Helens war explodiert und der Wind trug seine Asche bis zu uns. Am schlimmsten war aber, dass es für mehrere Wochen im ganzen Tal – außer am Schwarzmarkt zu unerschwinglichen Preisen – kein Magnesia zu kaufen gab. Mit einem Wort: Es herrschte Endzeitstimmung! Trotzdem konnte ich diesmal zwei offene Rechnungen begleichen: Ich kletterte »Nose« und »Salathe«.

Die Ideen der »Yosemite Climber« waren wie eine Initialzündung: Sie lösten eine unglaubliche Aufbruchstimmung in uns aus, die auch während der nächsten Jahre anhalten und uns völlig neue Wege eröffnen sollte. Wir gehörten zu den Ersten in Europa, die sie beschritten. Solange wir noch in den Alpen geklettert waren, hatten wir oft das Gefühl, zu spät auf die Welt gekommen zu sein. Denn die Alten waren verdammt gut gewesen, hatten alle großen Probleme lange vor unserer Zeit gelöst und uns dazu verurteilt, das nachzuvollziehen, was sie schon längst getan hatten. Wann immer wir einen markanten Pfeiler, ein kniffliges Risssystem oder einen gewaltigen Überhang in einer abweisenden Wandregion entdeckten und uns fragten, ob diese Linien auch möglich seien, genügte ein Blick in den Kletterführer und wir wussten: Ja. Denn immer war schon jemand vor uns da gewesen, der sich dieselbe Frage gestellt und durch eine erfolgreiche Erstbegehung auch beantwortet hatte. Sie hatten uns nicht den kleinsten weißen Fleck gelassen, nicht das kleinste Stück »unentdeckten Fels«, das auf seine Entdeckung durch uns gewartet hätte.

Wann immer wir uns fragten: »Was sollen wir tun?«, mussten wir feststellen, dass alles bereits getan war. Dabei ist das Abenteuer ja genau an der Grenze vom Möglichen zum Unmöglichen angesiedelt und die Herausforderung dort, wo man nicht weiß, wo diese Grenze verläuft. Die Alten waren einfach zu gut und hatten alles möglich gemacht (und sei es durch den Einsatz aller nur erdenklichen Hilfsmittel). Aber jetzt gab es das Sportklettern, mit dessen Regeln eine völlig neue Frage ins Spiel gebracht wurde: »Wie sollen wir es tun?« Auf diese Weise gaben uns die selbst auferlegten Beschränkungen das Unmögliche wieder zurück und mit ihm neue Herausforderungen. Denn es mag sein, dass Ricardo Cassin schon Jahrzehnte vor uns durch die

Westliche Zinne-Nordwand geklettert war, es mag sein, dass Hermann Buhl schon Jahrzehnte vor uns die Mauk-Westwand bezwungen hatte. Aber die Frage, ob man auch frei, ohne künstliche Hilfsmittel zur Fortbewegung, durch diese Wände klettern kann, hatten sie damit nicht beantwortet. Es war ihr unbestrittener Verdienst, das Unmögliche möglich gemacht zu haben. Und es war unsere Herausforderung, dieses Mögliche wieder unmöglich zu machen.

Denn selbst wenn sie das *Was* gelöst hatten, das *Wie* erklärten wir zu unserer Angelegenheit. Natürlich war »unmöglich« nur die hypothetische Bezeichnung für das, was wir morgen schaffen wollten. Aber es gab wieder diese Grenze, weil wir nicht wussten, ob wir es tatsächlich schaffen konnten. Sie trieb uns voran und so wurden wir von Tag zu Tag immer besser.

10

In den frühen Achtzigerjahren hatten wir so ziemlich alle Routen in unserer Umgebung frei geklettert und ein paar neue erstbegangen. Das Grazer Bergland ist nicht der Frankenjura oder Südfrankreich, und so wurde es von Jahr zu Jahr immer schwieriger, Felsen mit neuen interessanten Routenmöglichkeiten zu finden. Wobei interessant natürlich hieß: schwieriger als alles bisher Dagewesene. Wir fühlten uns, wie sich der Bodybuilding-Meister Anton P. gefühlt haben musste, als er für zwei Jahre ins Gefängnis wanderte. In einem Zeitungsinterview erzählte er einmal, dass er zu dieser Zeit noch kein Bodybuilder war, aber doch von Natur aus kräftig gebaut. Wie alle Gefängnisse, so hatte auch dieses einen kleinen Kraftraum, um seine Insassen für das harte Leben danach vorzubereiten. Als er das erste Mal in diesen Kraftraum kam und die Langhantel sah, fragte er sich, wie viel er hochstemmen könnte. Er legte sich zwanzig Kilo auf und war erstaunt, wie leicht es ging. Er legte sich dreißig Kilo auf und war wieder erstaunt. Vierzig Kilo, wieder dasselbe. Bei fünfzig Kilo begann er sich anzustrengen, aber er spürte, dass noch mehr möglich war. Jetzt wollte er es wissen! Aber es gab keine weiteren Gewichte mehr. Die nächsten Wochen stemmte er immer wieder diese fünfzig Kilo, die bald gar kein Problem mehr darstellten. Und je leichter es für ihn wurde, desto größer wurde seine Sehnsucht nach Freiheit, wo es so viele Gewichte gab, wie er nur stemmen konnte.

Auch wir hatten noch lange nicht das Gefühl, an unsere Grenzen gestoßen zu sein, aber langsam drohten uns die Felsen auszugehen. Gezwungenermaßen kletterten wir immer wieder dieselben Routen und aus der Euphorie der ersten Jahre begann Routine zu werden. Die anfängliche Euphorie bestand zweifellos darin, dass alles möglich schien und wir das Gefühl hatten, von Tag zu Tag besser zu werden. Denn waren wir noch vor vier Jahren maximal Routen bis zum siebenten Schwierigkeitsgrad geklettert, so hatte mittlerweile jeder von uns schon mehrere Neuner am Konto. 1983 konnte Jerry Moffat »The Face« im Altmühltal erstbegehen, den ersten offiziellen Zehner im deutschsprachigen Raum. Dem wollten wir natürlich nicht nachstehen, und wir wussten, dass wir es schaffen konnten – wenn wir nur gewusst hätten wo. Wir waren davon überzeugt, die Lösung zu haben, doch zunächst fehlten uns die entsprechenden Probleme.

War es der Umstand, dass er noch lange auf die ersehnte Freiheit warten musste, oder sein ausgeprägtes Abstraktionsvermögen? Jedenfalls erkannte Anton P. irgendwann, dass ein

Kilo Wasser gleich schwer wie ein Kilo Eisen ist, und hatte damit die Lösung zu seinem Problem wesentlich schneller gefunden als wir zu unserem: Er füllte Kübel mit Wasser und hängte sie zusätzlich zu den Eisengewichten auf die Hantel. Das klingt ganz einfach, und man fragt sich, warum er nicht gleich auf diese Idee kam, es weiß doch jedes Kind, dass ein Kilo Wasser gleich schwer ist wie ein Kilo Eisen. Wenn du aber wochenlang immer nur Eisen stemmst, dann kann dieses Wissen leicht verloren gehen, dann kann es passieren, dass du Kilo immer mit Eisen misst und dass du gar nicht mehr auf die Idee kommst, dass du auch etwas anderes stemmen könntest als Eisen. Und so kletterten auch wir immer wieder dieselben Routen und wurden immer frustrierter, weil wir keinen Felsen finden konnten, der vielleicht den zehnten Schwierigkeitsgrad hatte. Auch wenn wir nicht mehr kletterten, um irgendwohin zu kommen, so hatten wir anscheinend doch recht klare und vor allem festgefahrene Vorstellungen davon, wie Felsen, auf die man klettern kann, auszusehen haben.

Erst als mich Robert im Sommer 1984 anrief und mich fragte, ob ich nicht eine neue Route von ihm versuchen wolle, die er letzte Woche erstbegangen hatte, begann auch mir zu dämmern, dass ein Kilo Wasser gleich schwer ist wie ein Kilo Eisen. Denn als er mir sagte, dass sie durch die Wand am Taleingang zum Brunnkar führte, war ich nicht wenig überrascht, schließlich war ich schon hunderte Male auf dem Weg zu den Wänden im Brunnkar daran vorbeigegangen. Aber der Fels war dort derart glatt und abweisend und vor allem von Moos überzogen und die meiste Zeit über feucht, sodass ich nie auf die Idee gekommen wäre, da hinaufzuklettern. Dabei war Roberts Route nicht einmal so schwierig, und das Beste daran war, dass, wenn diese Linie kletterbar war, zumindest noch weitere zehn bis fünfzehn durch diese Wandflucht möglich waren. Da sie noch keinen Namen hatte, tauften wir die Wand Arena. Robert und Hias kauften sich eine Hilti-Bohrmaschine, mit der sie entlang dieser Linien Bohrhaken zur Sicherung setzten. Dann machten wir uns daran, sie zu versuchen.

Ganz am linken Ende der Arena steht ein abweisender Felsturm mit einer zwanzig Meter hohen, weit überhängenden Wand, die an ihrem rechten Rand von einer ebenso überhängenden Kante begrenzt wird. Als ich nach einer schweren Grippe das erste Mal in die Arena zurückkam, hatten Robert und Hias die Wand und die Kante eingebohrt. Wir begannen ganz locker mit den ersten Versuchen, weil keiner von uns dachte, dass man hier tatsächlich hinaufklettern könnte. Aber nach mehreren Versuchen merkten wir, dass diese Routen zwar unwahrscheinlich, aber doch im Bereich des Möglichen lagen. Jetzt wurde bitterer Ernst daraus. Zuerst versuchten wir gemeinsam die überhängende Wand, aber dann beschlossen Christoph und Robert lieber die Kante zu versuchen, nachdem wir schon seit ein paar Tagen immer an derselben Stelle gestürzt waren. Nach etwa sieben Metern musste man zwei kleine Griffe fixieren, mit den Füßen hoch ansteigen, Schwung holen und mit der linken Hand nach einem weit entfernten, großen Griff schnappen. Jedes Mal fehlten uns ein paar Millimeter oder wir erreichten ihn sogar, konnten ihn aber nicht halten. Als Größter von uns rechnete ich mir die meisten Chancen aus, irgendwann diesen verdammten Griff erreichen und halten zu können. Deshalb versuchte ich es allein weiter. Doch es war aussichtslos. Wenn man über Tage hinweg immer wieder dasselbe versucht und immer wieder am selben Punkt scheitert, dann droht es monoton zu werden – und wird es auch.

Zwar hatte ich es in den letzten Jahren bereits bis zum neunten Schwierigkeitsgrad gebracht und stand kurz davor, meinen ersten Zehner zu klettern (oder auch nicht!), aber Führerschein hatte ich noch immer keinen. Da Christoph und Robert zwar einen Führerschein, aber kein Auto hatten, teilten wir in diesen Tagen das Schicksal vieler Pendler in Österreich. So wie sie jeden Morgen mit dem Zug ins Büro oder in die Fabrik fuhren, fuhren wir jeden Morgen in die Arena, um dort unsere täglichen Pflichtversuche zu absolvieren - gleich lustlos und gleich leer wie sie. Wir fuhren immer mit demselben Zug mit denselben Passagieren, und nach ein paar Tagen begannen sie sogar, uns zu grüßen, denn für sie gehörten wir jetzt dazu.

Im Brunnkar wärmten wir uns kurz auf, dann der erste Versuch und der obligate Sturz. Eine Stunde Pause. Den zweiten Versuch machen und natürlich wieder stürzen, zum Zug hetzen und nach Hause fahren - der Tag ist gelaufen. Im Zug waren natürlich wieder dieselben Pendler, die sich wahrscheinlich schon fragten, wo wir eigentlich arbeiteten, so abgekämpft, wie wir immer aussahen. Am Abend checkten wir den Wetterbericht für den nächsten Tag - Gott sei Dank kein Regen - und etwas Wein, um die Nerven zu beruhigen. Wir waren viel zu kraftlos und viel zu lustlos, um irgendetwas zu tun, was Spaß machte. Der Tag war ja auch hart, mit seiner Hektik und mit seinen Sorgen - aber so ist der Alltag eben. Also schlafen gehen, um am nächsten Morgen neu zu beginnen.

Ich war ein Getriebener, ein Süchtiger. Aufzuhören wäre völlig unmöglich für mich gewesen. Denn Erstbegehungen in dieser Schwierigkeit sind immer ein Gang an der Grenze zwischen dem Möglichen und dem Unmöglichen. Und dort oben, in der Arena, war diese Grenze ungewiss. Es gab da eine Grauzone, in der ich mich, ohne es zu bemerken, verfangen hatte. Trotz der ewigen Versuche, trotz des ewigen Scheiterns wusste ich noch immer nicht, auf welcher Seite ich mich befand: Versuchte ich das Unmögliche oder schaffte ich das Mögliche nicht? Ich wollte Gewissheit, und die einzige Möglichkeit, sie zu erlangen, bestand für mich darin, es zu versuchen, es immer wieder zu versuchen, denn es gab ja niemanden, der »Stopp!« gesagt hätte.

Der Einschränkung durch Regeln stand die Freiheit gegenüber, eine Route so oft versuchen zu können, wie man wollte. Während der letzten Jahre, als die Grenze zwischen dem Möglichen und dem Unmöglichen noch einigermaßen klar definiert war, bestand genau darin eine Chance für uns. Denn irgendwie wussten wir, dass wir diese Routen schaffen konnten, wenn nicht heute, dann morgen oder übermorgen. Es gab keinen Grund, wegen eines Scheiterns zu verzweifeln, denn wir konnten immer wieder kommen und irgendwann würden wir ganz oben stehen. Doch jetzt, wo ich mich in dieser Grauzone bewegte, wurde aus der Chance, es immer wieder versuchen zu dürfen, das Schicksal, es immer wieder versuchen zu müssen. Und das in immer kürzeren Abständen, denn der Winter nahte, und ich wusste, dass ich es bald schaffen musste, wollte ich noch in diesem Jahr Gewissheit, denn nach dem nächsten Regen würde die Wand nicht mehr trocken werden und ich würde meine Chancen verspielt haben.

Natürlich machte mir das Klettern schon lange keinen Spaß mehr. Ich stieg unten ein und wusste schon im Vorhinein, dass ich oben wieder runterfliegen würde. Lustlos kletterte ich die ersten Meter. Ich kannte schon jeden Griff, jeden Tritt in- und auswendig, weil ich sie schon hundertmal geklettert war, und wartete darauf, dass mir wieder die Kraft ausging oder mir wieder ein Fuß wegrutschte. Natürlich stürzte ich irgendwann, vielleicht weiter oben, als ich gedacht hatte, oder aus einem anderen Grund, aber ich stürzte. Dann hing ich im Seil und ärgerte mich nicht einmal. Ich wusste nur, dass mir die Hände wehtaten und dass ich sofort mit dem Klettern aufhören würde, wenn ich nur die Möglichkeit dazu gehabt hätte. Aber die hatte ich nicht mehr. Die hatte ich nur, bevor ich die ersten Versuche startete. Es war meine Idee, dort hinaufzuklettern, und ich war fasziniert von ihr, doch nun war ich nur noch ihr Sklave. Ich wusste, dass dieses Elend erst dann zu Ende sein würde, wenn ich es schaffte oder wenn der erste Schnee fiel. Aber der fiel nicht und so musste ich weitermachen.

Am zehnten Tag gelang Robert die erste Begehung der Kante, die er »Train and Terror« taufte. Als er mit einem lauten Freudenschrei das Seil in den Umlenkkarabiner hängte, hatte ich nur einen Gedanken: »Scheiße! Der Schweinekerl hat's geschafft!« Denn für mich war damit die Katastrophe perfekt. Hatte ich bisher noch die Hoffnung, dass solche Routen derzeit noch gar nicht möglich seien, so hatte Robert das Gegenteil bewiesen, und ich wusste, dass auch meine Wand möglich war. Es lag an mir, ich war zu schwach, um es zu schaffen. Robert war jetzt fein raus und konnte andere Routen klettern oder schöne Tage verbringen, während ich es weiter versuchen musste. Denn jetzt hatte ich die Gewissheit, um die ich so gekämpft hatte, aber eine Gewissheit, mit der ich unmöglich überwintern konnte. Es gab keinen brüchigen Fels und kein schlechtes Wetter, auf das ich mich ausreden konnte. Und jetzt, wo Robert die Kante geschafft hatte, wusste ich, dass ich nur an mir selbst scheiterte, wenn mir die Wand nicht gelang. Und weil ich mir das nicht eingestehen wollte, kämpfte ich, um diese Niederlage zu vermeiden. Schon lange war die Angst vor dem Nichthinaufkommen größer als die vor dem Hinunterfallen und so versuchte ich es immer wieder. Es stellte sich heraus, dass der weite Sprung, an dem ich bisher immer gescheitert war, noch lange nicht die Schlüsselstelle der Wand bedeutete. Denn nun gelang er mir bei fast jedem Versuch, dafür stürzte ich jedes Mal nur zwei Meter weiter oben, weil ich ein abschüssiges Fingerloch nicht halten konnte.

Wenn man für eine Route mehrere Versuche benötigt, ist es wichtig und oft auch schwierig, dass man sich alle Kletterzüge genau merkt, um sie dann möglichst exakt und schnell ausführen zu können, denn nur so reicht die Kraft bis zum Ausstieg. Wenn man aber mehr als mehrere Versuche benötigt, also tagelang ein und dieselben Kletterstellen probiert, wird es noch viel schwieriger, sie wieder zu vergessen. Wenn ich mich am Abend, nach zwei weiteren erfolglosen Versuchen, ins Bett legte, tauchten plötzlich wieder diese 22 Meter vor mir auf und in Gedanken machte ich noch ein paar Mal den Dynamo im unteren Wandteil und fixierte das Fingerloch in der Schlüsselstelle, sprang zum großen Griff und querte zum »Rastpunkt«, knapp unterm Ausstieg. Dabei wollte ich nichts als schlafen, endlich meine Ruhe haben von den 22 Metern, die im Wald standen als Vorwurf meines eigenen Unvermögens.

Der schlimmste Tag war der dreizehnte. Schon im ersten Versuch gelang es mir, den fünften Haken einzuhängen, und mich trennte nur noch ein schwieriger Zug vom leichteren Gelände. Aber ich war zu unkonzentriert und wohl auch zu aufgeregt und so griff ich daneben und stürzte. Beim nächsten Versuch gelang mir sogar dieser Sprung und ich stand vier Meter unterm Ausstieg, von dem mich nur noch relativ leichte Kletterei im siebenten Schwierigkeitsgrad trennte. Es war so unfassbar!

Du müsstest doch schon längst im Seil hängen, aber du hast wirklich alles geschafft: Die schwierigen Dynamos im unteren Wandteil, den extrem schwierigen Zug in der Schlüsselstelle, den weiten Sprung zum großen Griff, sogar die Querung war kein Problem für dich. Diese vier Meter sind doch ein Kinderspiel. Los jetzt, mach keinen Blödsinn, klettere, klettere! Du quälst dich jeden Tag bei deinem Training, das dir keinen Spaß mehr macht. Wenn die anderen zum Urlaub ans Meer fahren, fährst du in irgendeinen düsteren Wald, um diese hässlichen kleinen Berge zu besteigen. Das ist doch nicht normal! Du sagst immer, es ist deine Art, Mensch zu sein, dort hinaufzuklettern, woran andere achtlos vorübergehen, und du bist stolz darauf. Mach schon, vier Meter, die musst du noch schaffen, dann kannst du mit dem Klettern aufhören. Wenn du aber scheiterst, dann bist du nichts.
War ich bisher ganz unbewusst geklettert, so wachte ich jetzt auf. Meine Arme wurden hart, ich begann zu zittern, machte alles falsch und stürzte.
Warum ich wiederkam? Warum ich immer wiederkam? Vielleicht, weil es während der letzten Jahre immer einen letzten Versuch und mit ihm Erfolg gegeben hatte. Vielleicht, weil ich dachte, dass es auch diesmal so sein würde, weil es so sein musste. Schon am nächsten Tag, nachdem ich so knapp gescheitert war, stand ich wieder am Einstieg der Wand und schaute zu der Stelle hinauf, an der ich gestürzt war. Ich sagte mir, nur noch vier Meter und ich habe es geschafft. Doch beim nächsten Versuch stürzte ich schon nach zehn Metern. Das war unglaublich! Schließlich hatten mir ja nur mehr diese vier Meter gefehlt. Aber vielleicht war es genau dieser Irrtum, der es mir unmöglich machte, einfach aufzuhören und nicht wiederzukommen. Denn natürlich hatten mir in Wirklichkeit nicht nur diese vier Meter gefehlt, son-

dern die vollen zweiundzwanzig, denn die achtzehn davor musste ich auch noch einmal klettern, um zu diesen letzten vier Metern zu gelangen. Egal wie hoch ich bei einem Versuch kam, bevor ich stürzte, bei meinem nächsten war das Problem wieder dasselbe: zweiundzwanzig Meter. Von Versuch zu Versuch, immer etwas höher zu gelangen, das war die große Lust während der ersten Tage gewesen. Die Erkenntnis, dass mir das nichts half, und jeder Versuch, der nicht am Ausstieg endete, in Wirklichkeit nur ein weiteres Scheitern bedeutete, das war der große Frust, der jetzt alles beherrschte. Je höher ich kam, bevor ich stürzte, desto tragischer wurde mein Scheitern. Denn selbst wenn ich beim nächsten Versuch einen Meter weiter gekommen wäre, hätte ich damit nicht einen Meter mehr dazugewonnen, sondern einen Meter mehr dazuverloren. Alles Erreichte musste ja immer wieder erreicht werden.

Am siebzehnten Tag fand der Spuk endlich sein Ende und mir gelang die erste Begehung dieser Wand. Nach siebzehn Tagen stand ich zweiundzwanzig Meter höher als zweieinhalb Wochen zuvor. Endlich war alles vorbei und ich musste nicht wiederkommen. Ich empfand keine besondere Freude, hatte eher das Gefühl, noch einmal mit heiler Haut davongekommen zu sein. Diese Niederlage blieb mir also erspart. Ich taufte die Route »Zeitgeist« und bewertete sie mit dem zehnten Schwierigkeitsgrad. Siebzehn Tage hatte ich für diese zweiundzwanzig Meter gelebt, für sie gelitten und um sie gekämpft. Während dieser Tage hatte ich oft das Gefühl, zu weit gegangen zu sein.

Aber zu weit gehen bedeutet auch, nicht mehr umkehren zu können. Daher erschien es mir selbstverständlich, nach nur einem Rasttag eine neue Route zu versuchen, die Robert in der Zwischenzeit im hinteren Teil der Arena eingebohrt hatte. Sie entpuppte sich als wesentlich schwieriger als alle Routen, die wir jemals zuvor versucht hatten. Und wir wussten: Die Geschichte der Erstbegehung dieser Wand würde dieselbe sein wie die Geschichten der anderen Wände, die wir bisher erstbegehen konnten, nur dass sie viel, viel länger dauern würde. Endlich begann es zu schneien und ich war froh darüber. Ich war froh, dass diese Klettersaison endlich vorüber war und ich wieder Zeit hatte für andere Dinge, die Spaß machten. Auch wenn wir Roberts Projekt jetzt nicht mehr versuchen konnten, so war es zumindest ein guter Grund, den Winter über zu trainieren.

II

10, 9, 8, 7, 6, 5, 4, 3, 2, 1 ...
Wie jeden Winter, hatte ich auch in diesem zu studieren begonnen, Vorlesungen und Seminare besucht und im Februar sogar einige Prüfungen abgelegt. Wenn ich nicht gerade an der Uni zu tun hatte oder lernen musste, dann hing ich in meinem Zimmer herum – und das im wahrsten Sinne des Wortes. Denn natürlich reichte es schon lange nicht mehr, nur zu klettern, um immer besser zu werden. Beinhartes Training gehörte mittlerweile zum Klettern, wie zu jeder anderen Sportart auch. Ich hatte einige Balken quer durch mein Zimmer gespannt und darauf Holzleisten in unterschiedlichen Stärken geschraubt. Während der letzten Monate waren wir daran herumgehangelt, hatten mit Zusatzgewichten Klimmzüge auf den kleinsten Leistchen und in den Pausen Dehnungsübungen gemacht. Einige Kletterstellen, die mir im letzten Jahr nicht und nicht gelingen wollten, hatte ich zu Hause auf den Balken nachgebaut, um so ganz gezielt jene

Muskelgruppen trainieren zu können, die ich dafür benötigte. Da beim Klettern nicht die absolute Kraft entscheidend ist, sondern die Kraft im Verhältnis zum Körpergewicht, bedeutete das auch: viel trainieren und wenig essen. Ich ernährte mich ausschließlich von Müsli und Salat und hatte während der letzten drei Jahre über zehn Kilo abgenommen. Eigentlich hatte ich mir vorgenommen, diesmal auch im Sommersemester zu studieren. Aber am 21. März las ich in der Zeitung, dass an diesem Tag um 14 Uhr 21 der Frühling beginnt. Um 13 Uhr 30 besuchte ich eine Vorlesung über Immanuel Kant, die ich für meine nächste Prüfung benötigte. Es war einer der ersten warmen Tage dieses Jahres, und in einem Sonnenstrahl, der durch ein ungeputztes Fenster fiel, das sich nicht öffnen ließ, tanzte der Winterstaub. Ich hörte dem unglaublich langweiligen Vortrag über Kants Anschauungskategorien, Raum und Zeit zu, als mein Blick auf die Uhr fiel, die ich, wie bei jeder Vorlesung, vom Handgelenk genommen und vor mich auf den Tisch gelegt hatte. 14 Uhr 10. In elf Minuten würde der Winter vorbei sein! Ich nahm die Uhr in beide Hände und schaute dabei zu, wie er verging. Die letzten zehn Sekunden zählte ich leise mit.
10, 9, 8, 7, 6, 5, 4, 3, 2, 1 ...
In der ersten Sekunde dieses Frühjahrs stand ich auf und verließ den Hörsaal in Richtung Arena. Ich sollte ihn erst Jahre später wieder betreten. Denn »Zeitgeist« und »Train and Terror« waren erst der Anfang gewesen.
Keine Wand war uns zu steil oder zu glatt, dass wir uns nicht über sie abseilten, Bohrhaken setzten und sie zu klettern versuchten. Das Einzige, was uns wirklich interessierte, waren Erstbegehungen. Die Routen anderer kletterten wir nur, um sie mit unserer Schwierigkeitsbewertung zu vergleichen oder weil man sie ganz einfach gemacht haben musste.

Durch die Arena war in uns ein entscheidender und in mancher Hinsicht auch fataler Paradigmenwechsel passiert. Obwohl wir anfangs wirklich gedacht hatten, dass man da nicht hinaufklettern könne, hatten wir innerhalb weniger Wochen mehr als zehn Routen erstbegangen. So hatten wir erkannt, dass wir jederzeit wissen konnten, was möglich ist, aber niemals, was unmöglich ist. Wir suchten jetzt vor allem Unmöglichkeiten, weil uns Möglichkeiten nicht mehr interessierten. Wenn wir wieder eine neue Wand entdeckten, dann bohrten wir als Erstes jene Linien ein, die uns am schwierigsten oder sogar unmöglich erschienen. Dann versuchten wir sie zu klettern. Die leichten Routen kamen erst später dran, wenn wir welche zum Aufwärmen oder für die Freundinnen brauchten. Christoph war in diesem Punkt der Konsequenteste von uns. Das Mögliche interessierte ihn überhaupt nicht. Wenn sich bei einem Projekt langsam abzeichnete, dass es möglich war, verlor er vollkommen das Interesse daran und überließ die Erstbegehung einem anderen, während er selbst sich ein neues Stück Fels suchte. Ich kann mich an Jahre erinnern, in denen er keine einzige Route klettern konnte, ganz einfach deshalb, weil jedes Projekt, das er sich aussuchte, entweder tatsächlich unmöglich war oder eben möglich und dadurch zu uninteressant, um es zu klettern. Sein wohl schwierigstes Projekt war eine etwa zwölf Meter hohe, überhängende Wand. Christoph ging vier (!) Jahre hindurch praktisch ausschließlich zu dieser Wand und versuchte sie jede Woche mehrmals, nur um bei seinem letzten Versuch dreißig (!) Zentimeter unterm Ausstiegsgriff zu stürzen. (Sie wartet bis heute auf ihren Erstbegeher und ich habe bisher noch keinen einzigen Kletterer gesehen, der bei ihr auch nur vom Boden abgehoben hätte.)
Bei den unzähligen Projekten der nächsten Jahre ging es uns

nicht nur darum, sie zu schaffen, sondern auch, sie als *Erster* zu bezwingen. Genau so, wie es in Wirklichkeit nicht nur darum ging, immer besser zu werden, sondern auch, immer besser als die anderen zu sein. Mit der (angeblichen) Bergsteigerkameradschaft der Alpinisten hatte das Sportklettern jedenfalls nichts mehr zu tun. Natürlich - wir kletterten gemeinsam, wir sicherten einander und einige von uns waren auch wirkliche Freunde - aber jeder gewann für sich allein und jeder verlor für sich allein.

12

So wie damals, als ich mit dem Klettern begonnen hatte, war der Winter noch immer die Zeit des Träumens, daran hatte sich während all der Jahre nichts geändert. Aber jetzt konnte ich keine Fotos meiner Ziele und Träume mehr aus Kalendern reißen oder aus Zeitschriften schneiden. Denn ich träumte nicht mehr von einem bestimmten Berg oder einer bestimmten Wand, ja nicht einmal von einer bestimmten Route. Früher war das einfacher. Da gab es Berge und auf die wollte ich hinauf. Wenn ich es dann wirklich geschafft hatte, diesen oder jenen Berg zu besteigen, durch diese oder jene Wand zu klettern, dann war ich wirklich oben, am Ziel und hatte etwas Wirkliches erreicht. Aber jetzt ging es nicht mehr darum, beim Klettern irgendwohin zu gelangen. Denn eine Route war nun nicht mehr der Weg zu einem bestimmten Punkt, sondern eine Linie, die einen Schwierigkeitsgrad repräsentierte. Wenn ich diese Linie klettern konnte, hatte ich einen bestimmten Schwierigkeitsgrad geschafft. Die Linie selbst oder die Wand, durch die sie führte, waren dabei nebensächlich. Früher hatte ich gesagt »Morgen will ich durch diese Wand« und dann im Kletterführer nachgesehen, wie schwierig ihre Routen sind. Jetzt sagte ich »Morgen klettere ich einen Zehner« und schaute im Kletterführer nach, welche Routen diesen Schwierigkeitsgrad haben. Oft waren es dann völlig bedeutungslose Wände, die nicht einmal schön anzusehen waren. Ob eine bemooste Wand im Wald oder ein unscheinbarer Block in der Wüste, wenn eine Route ein Zehner war, dann war es vollkommen egal, wo sie war und wie sie aussah, sie musste nur wirklich ein Zehner sein, und ich musste sie schaffen, damit sich alles lohnte. Das, worum es wirklich ging, war nun nicht mehr sichtbar, vielleicht war deshalb das Sichtbare so bedeutungslos.

Edmund Hillary wurde nicht nur durch die Erstbesteigung des Mount Everest berühmt, sondern auch, weil er das Bergsteigen als eine »Eroberung des Sinnlosen« definiert hatte. Den Leuten gefiel es, dass ausgerechnet einer, der alles auf sich genommen und sein Leben riskiert hatte, nur um einen Berg zu besteigen, dass einer, der dafür berühmt und geehrt wurde, sein eigenes Tun als die Eroberung von etwas Sinnlosem bezeichnete. (Das Erobern von etwas Sinnlosem muss aber selbst nicht sinnlos sein!) Dass Hillary selbst dies so bezeichnet, ist sehr kokett. Doch zumindest kann jeder auf die Frage, warum er auf den Mount Everest gestiegen war, auf ihn zeigen und sagen: »Weil er da ist!« Auch wenn keiner einen Sinn darin zu sehen vermag, ihn zu besteigen, jeder kann den Mount Everest zumindest in seiner ganzen Pracht bestaunen – und vielleicht deshalb verstehen.

Auch wir fühlten uns wie Eroberer, wenn wir einem Felsen nach dem anderen unsere Linien aufzwangen. Immer wieder, denn die Eroberung kennt die Erfüllung nicht, weder kann sie aus sich selbst leben, noch hat sie jemals genug.

Eroberer, ja. Aber wovon? Von etwas Sinnlosem? Und was war mit der Frage nach dem Warum? Da gab es nichts, worauf wir hätten zeigen können, denn das, worum es uns ging, war nicht zu sehen. Schwierigkeitsgrade sind unsichtbar. Ideen sind unsichtbar. Trotzdem waren wir Eroberer. Eroberer des Unsichtbaren.

13

Süchtig wäre vielleicht auch ein richtiges Wort für unseren Zustand (nicht nur weil wir durch das viele Trainieren und das wenige Essen mittlerweile mehr wie Junkies als Sportler aussahen). Denn Visionen hat man ja nicht. Visionen haben einen. Da kann man nicht ganz einfach aufhören. Ich weiß nicht, wie oft sich mein Erlebnis vom »Zeitgeist« wiederholte. Die Routen wurden zwar immer schwieriger, aber im Grunde änderte sich nicht viel. Es war eine ewige Wiederkehr des immer Gleichen. Auch wenn mir während der nächsten Jahre viel gelang, hatte ich mehr das Gefühl, ein Getriebener zu sein, als selbst voranzutreiben. Das ist die eine Seite der Sucht. Dass es irgendwann nicht mehr ausreicht, das eine immer wieder zu tun, sondern bald auch nichts anderes mehr möglich ist als dieses eine, das ist die andere Seite.

Ich hörte zu studieren auf, und alles, was nicht unmittelbar mit dem Klettern zu tun hatte, nahm ich, wenn überhaupt, nur noch aus dem Augenwinkel heraus wahr. Mein ganzes Leben war darauf ausgerichtet, gut zu klettern. Damit setzte ich einen Mechanismus in Gang, dem ich mich nicht mehr entziehen konnte. Wenn ich wieder einmal wochenlang an einer schwierigen Wand herumprobierte, dann oft mit dem

Gefühl, dass ich nur diese paar Meter Zeit habe, um meine Existenz vor mir zu rechtfertigen, weil jedes Scheitern sie infrage gestellt hätte. Um das zu vermeiden, opferte ich immer mehr dem Klettern. Jeder Erfolg gab mir Recht und den Mut, noch einen Schritt weiter zu gehen. Auch wenn das Klettern, so wie wir es betrieben, weit davon entfernt war, lebensgefährlich zu sein, existenzgefährdend war es alle Mal!

14

Das Vertraute hört auf zu sein. Meine Stadt, meine Straße, mein Zimmer ... »Mein« wird immer schwächer. Stadt, Straße, Zimmer. Was sind sie ohne das Vertraute? Eine Stadt, eine Straße, ein Zimmer. Nicht mehr! Ohne das Vertraute gibt es nur noch Fremdes. Irgendeine Stadt, irgendeine Straße, irgendein Zimmer. Dabei ist es das einzige Band, das mich noch in der Welt festhält. Es wird von Tag zu Tag schwächer, und meine Angst, aus der Welt zu fallen, wird von Tag zu Tag größer. Ich muss das Vertraute aufrechterhalten!
Vor zehn Jahren das erste Mal Yosemite. Ich war nach einem Joint am Lagerfeuer eingeschlafen. Und als ich aufwachte, hielt ich plötzlich diesen Stein in der rechten Hand. Eiförmig und völlig glatt, hatte er genau die richtige Größe, damit ich ihn fest umschließen konnte. Ich wusste nicht, wie er in meine Hand gelangt war, aber ich fühlte mich stark, sobald ich ihn fest umschloss. Er hatte die ideale Form, die ideale Größe und das ideale Gewicht für mich. Er war wie für mich geschaffen. Und weil ich mir nicht vorstellen konnte, dass es noch jemanden auf der Welt gibt, zu dem er so ideal passt, und weil ich dachte, dass es kein Zufall sein konnte, dass er ausgerechnet in meine rechte Hand gelangt war, nannte ich

ihn »meinen Stein«. Ich nahm ihn mit nach Hause und seitdem liegt er auf dem Schreibtisch.
Die meiste Zeit des Tages verbringe ich jetzt damit, auf dem Bett zu liegen und zu meinem Stein auf dem Schreibtisch hinüberzuschauen. Er ist Teil der Welt und er ist mir vertraut. Solange ich ihn anschaue, habe ich das Gefühl, dass nichts passieren kann, denn durch ihn kann ich mich an der Welt festklammern. Solange ich ihn anschaue, bin ich mit ihr in Verbindung, bin ich selbst Teil der Welt. Wenn ich aber aufstehe, wenn ich gehe, dann gerät die Welt in Bewegung, und mit dem Auf und Ab meiner Schritte schaue ich immer wieder über sie hinweg, und das Ende des Vertrauten wird sichtbar. Oft endet es unmittelbar vor mir. Einen Schritt weiter und ich falle!
Nur manchmal kann ich mich noch dazu aufraffen und unter größter Anstrengung das Bett, das Zimmer, das Haus verlassen. Das verdammte Auf und Ab der Welt beim Gehen! Ich fixiere die Zimmertür und gehe. Bei ihr angekommen, fixiere ich die Wohnungstür und gehe. Ich fixiere die Haustür und gehe. Ich fixiere ein Verkehrsschild und gehe. Dann ein Haus ...
Es beruhigt mich, zu wissen, dass ich, egal wohin ich gehe, indirekt mit »meinem Stein« verbunden bin, solange ich Punkte fixiere, die mich zu ihm zurückführen können. Auf diese Weise knüpfe ich ein unsichtbares Band, das mich mit ihm verbindet – vom Haus zum Verkehrsschild, vom Verkehrsschild zur Haustür, von der Haustür zur Wohnungstür, von der Wohnungstür zur Zimmertür, von der Zimmertür zu meinem Stein. Wenn ich mich aber umdrehe, um zurückzugehen, ist die Welt plötzlich eine andere geworden. Die Türen, die Verkehrsschilder, die Häuser sehen von der anderen Seite vollkommen verändert aus und ich stehe von einer Sekunde auf die andere nur noch Fremdem gegenüber. Das un-

sichtbare Band ist zerrissen und ich habe Angst, nicht mehr zurückzufinden.

Meine Stadt, meine Straße, mein Zimmer. »Mein« hat seine Selbstverständlichkeit verloren, denn das Vertraute existiert nicht mehr aus sich heraus. Ich muss es immer wieder neu erschaffen und versuchen, solange es geht, an ihm festzuhalten. Es ist wie ein dreidimensionales Illusionsbild: Zunächst gibt es nur ein zweidimensionales Chaos, das keinen Sinn ergibt. Erst wenn ich es lange genug im richtigen Abstand anschaue und die richtige Ebene im Bild fixiere und scharf stelle, entsteht vor meinen Augen ein dreidimensionaler Kristallisationspunkt – eine vertraute Form, von der ausgehend ich mir ein komplettes Bild zusammensetzen kann. Aus dem Chaos wird Ordnung. Plötzlich ergibt alles Sinn, so wie es ist. Nur noch manchmal gelingt es mir auf diese Weise, ein komplettes Bild zusammenzusetzen, das mir vertraut ist und das ich »meine Welt« nenne. Denn nur ein kleiner Moment der Unachtsamkeit und alles versinkt zurück ins Chaos. Alles ist wieder so, wie es ist. Und es ist ohne mich.

15

Mutti, Andrea, Birgit, Christoph. Meine Mutter, meine Schwester, meine Freundin, mein Freund. Es wird immer schwieriger. Denn Menschen lassen sich nicht fixieren wie Steine, Türen, Verkehrsschilder oder Häuser. Ständig wechseln sie ihr Aussehen (oder besser gesagt es wechselt ihr Aussehen) und sie haben von einem Tag auf den nächsten eine andere Meinung (oder besser gesagt, hat von einem Tag auf den nächsten eine andere Meinung sie). Auch ohne aufzustehen, ohne zu gehen, ist es ein ständiges Auf und Ab, und immer wieder ist das Ende des Vertrauten sichtbar. Ich sehe ihnen beim Sprechen zu und spüre, wie sie mir entgleiten. Merken sie denn nicht, wie sie ständig andere werden? So wie sich Odysseus, als er endlich nach Jahren wieder in den Heimathafen einfuhr, fragte: »Ist das überhaupt noch mein Schiff?«, frage auch ich mich: »Sind das überhaupt noch meine Mutter, meine Schwester, meine Freundin, mein Freund?«, denn Menschen sind wie das Schiff des Odysseus, bei dem auf der jahrelangen Reise ständig Teile ausgewechselt wurden, bis es schließlich aus komplett anderen Teilen bestand und kein einziger Nagel, der vor Jahren aus dem Heimathafen ausfuhr, ihn jemals wieder sehen sollte. Odysseus' Frage ist daher berechtigt. Und so ist auch meine Frage berechtigt! Denn Menschen kommen auf die Welt und irgendwann sterben sie. Aber die, die sterben, sind vollkommen andere als die, die geboren wurden. Und dazwischen nichts als tausende andere. Es ist nur eine Laune der Natur, dass sie nicht alle nebeneinander stehen und immer neue andere dazukommen. Denn sie haben ein Ablaufdatum. Während die einen anderen unbemerkt kommen, verschwinden die anderen anderen. Unbemerkt! Auf diese Weise erschaffen Menschen sich in jedem Augenblick aufs Neue! Da, dieses Lächeln. Ich kenne es. Es ist mir vertraut. Vielleicht wird es überleben. Vielleicht wird es mir vertraut bleiben. Aber schon im nächsten Augenblick wird es das Lächeln eines anderen sein. Man kann nicht zweimal in dasselbe Gesicht schauen! Ein Lächeln – das ist nicht viel, wenn du sagen möchtest, den Menschen kenne ich. Und es ist nichts, wenn du sagen möchtest »mein«. Nein, Odysseus, das ist nicht mehr dein Schiff!

Manchmal würde ich ihnen gern zuhören und antworten. Aber ich weiß, wenn ich mich auf sie einlasse, führt kein Weg zurück zum Stein. Sie sind, wie sie sind. Und sie sind ohne mich.

16

Was geht mich die Welt an? Was gehen mich die anderen an? Wenn sich alles der Vertrautheit entzieht, wenn sich alles dem Sinn verweigert, wenn alles im Chaos bleiben will – dann scheiß drauf! Es geht nur um mich. Mein Körper, mein Geist. Ich muss nur an mir selbst festhalten und das Vertraute in mir selbst aufrechterhalten. Ich wechsle meine Kleidung nicht mehr, um kein anderer zu werden. Aber ich bin nicht ungepflegt. Das ist mir wichtig. Ungepflegte Menschen haben sich aufgegeben, ich aber will an mir festhalten. Ich dusche mich täglich pünktlich um siebzehn Uhr. Jeden Tag um siebzehn Uhr dasselbe Ritual. Jeder Tag, der ganze Tag dasselbe Ritual. Nur nichts verändern! Dem Fremden nur ja keine Chance geben! Ich rauche nur noch Marlboro Lights. Ich trinke nur noch Jack Daniels. Nur nicht zulassen, dass sich mein Geschmack verändert! Nur ja kein anderer werden! Ich bin der mit dieser Hose und mit diesem Leibchen, der Marlboro Lights raucht und Jack Daniels trinkt. Solange ich mit dieser Hose und mit diesem Leibchen auf dem Bett liege, Marlboro Lights rauche, Jack Daniels trinke und zu »meinem Stein« hinüberschaue, kann nichts passieren. Denn nichts bewegt sich!

Aber dann: ein Gedanke. Ich muss denken. Ich kann nicht anders. Nicht immer. Aber es reicht ein einziger Gedanke, dass ich zurückschrecke, weil ich nicht weiß, was da denkt und woher der Gedanke kommt. Denn wenn es möglich ist, dass ich nur einen einzigen Gedanken denke, den ich vorher noch nie gedacht habe, dann ist die Grenze des Vertrauten unmittelbar in mir. Und wenn die Grenze des Vertrauten unmittelbar in mir ist, dann beginnt auch das Fremde unmittelbar in mir. So ist jeder neue Gedanke ein Bote vom Ende des

Vertrauten. Und eine Warnung. Denn ich wollte diesen Gedanken nicht. Ich wollte nicht denken! Wer weiß, was da noch alles kommt - ohne mein Zutun, ohne dass ich es will, und dennoch unmittelbar aus mir heraus.
Ich versuche, so gut es geht, an mir festzuhalten, aber schon mit dem nächsten Gedanken gibt es nur noch die Erinnerung an Vertrautheit. Denn durch ihn bin ich ein anderer geworden. Ich rauche Marlboro Lights und trinke Jack Daniels - wie er. Ich liege mit diesem Leibchen und mit dieser Hose auf dem Bett und schaue zum Stein auf dem Schreibtisch hinüber - wie er. Aber ich bin ohne ihn.

17

Stadt, Straße, Zimmer, Mutter, Schwester, Freundin, Freund, Körper, Geist. Wenn es nur irgendetwas gäbe, zu dem ich MEIN sagen könnte, alles würde wieder gut werden! Noch immer hat das alles keinen Namen. Noch immer wollen mich die Ärzte beruhigen. Wenn ich meinen Körper nicht mehr spüre, wenn ich keine Luft mehr bekomme, wenn mein Herz schmerzt, wenn mir schwindlig wird, dann sagen sie, das alles sei nur psychisch. Was soll das schon heißen »Nur psychisch«? Wenn sie damit sagen wollen, dass ich einen gesunden Körper habe, der sich krank anfühlt, weil mein Geist auf ihn einwirkt, dann frage ich mich, was für ein Geist das sein soll. Meiner ganz bestimmt nicht! Denn ich will das alles nicht! Und das ist auch nicht mein Körper. Ich will, dass er sich gesund anfühlt! Das ist irgendein Geist, der auf irgendeinen Körper einwirkt. Mein ist, mit dem ich machen kann, was ICH will. Ich habe keinen Geist, dem ich befehlen kann, dass alles aufhört. Ich habe keinen Körper, dem

ich befehlen kann, dass alles aufhört. Ich habe irgendeinen Körper. Ich habe irgendeinen Geist.
Sie sind, wie sie sind. Und sie sind ohne mich.

18

Mein setzt mich voraus! Das versteht jedes Kind. Aber jetzt, wo es nichts mehr gibt, zu dem ich »mein« sagen könnte … Jetzt, wo ich diesen archimedischen Punkt des Vertrauten verloren habe … Jetzt, wo alles ist, wie es ist und ohne mich … Jetzt ist es bittere Gewissheit: ICH setzt MEIN voraus! Ich weiß das. Ich habe es ausprobiert und nichts ist übrig geblieben. Ich bin nicht dieser Körper, ich bin nicht dieser Geist. Natürlich, ich bin der Einzige, der weiß, was dieser Geist denkt. Natürlich, ich bin der Einzige, der diesen Körper spürt. Ich bin auf sonderbare Weise mit ihnen verbunden und kann sie unmittelbar wahrnehmen. Aber was nehme ich wahr? Das, was sie wollen! Was ich will, hat überhaupt keine Bedeutung und nur wenig Einfluss. Mich gibt es nur als Zuschauer. Ich sehe nur noch Fremdes. Ich sehe nur noch anderes. Das Vertraute hat aufgehört zu sein.
Es dreht sich jetzt alles von Tag zu Tag schneller!

19

Nichts geht mehr!
Das kleine Äffchen, das schon während der letzten Tage immer wieder aufgetaucht ist, hat sich auf meiner rechten Schulter niedergelassen und lenkt von dort aus meinen Blick, wohin es will. Es weicht nicht mehr von meiner Seite

und ich kann es ständig aus dem Augenwinkel heraus wahrnehmen. Es ist boshaft. Wenn ich nicht in Millionen Einzelteile explodiere, die als grelle Lichtfetzen in den schwarzen Schlund des Alls geschleudert werden, knie ich am Boden und kehre mit einem viel zu kleinen Besen Glassplitter auf eine viel zu kleine Schaufel. Die Glocken der Kirchturmuhr haben mir das Trommelfell zerfetzt. Das linke und das rechte. »Wenn du nicht brav bist, wird dich der Teufel holen.« Im Stadtpark, vor dem großen Kreuz, wird die Leiche von Papa exhumiert. Ich ziehe seine Haut zwischen den modrigen Brettern hervor. Sie ist kalt und innen von einer schleimigen Schicht überzogen. Ich ziehe die Haut wie einen Taucheranzug an. Ich ziehe Papa an. Sie ist viel zu eng. Papa passt mir nicht. Papa ist mir viel zu klein! Man hat mir alle Bilder gestohlen. Was habt ihr mit meinen Bildern gemacht?

20

Nur zehn Kilometer von Graz entfernt liegt am nördlichen Ortsrand von Gratkorn das so genannte Zigeunerloch – das fünfundzwanzig Meter hohe und zwanzig Meter weit ausladende Portal einer Höhle. Mitte der Siebzigerjahre, als es gerade in Mode war, sich mit der Strickleiter von Haken zu Haken fortzubewegen, war es für uns ein beliebtes Ziel. Vor allem an verregneten Tagen genossen wir es, uns von Haken zu Haken bis zur Dachkante vorzuarbeiten. Durch den riesigen Überhang vor dem Regen geschützt, hingen wir in unseren Leitern wie an der Decke eines riesigen Wohnzimmers und hatten, als wir den Ausstieg erreichten, keinen einzigen Meter frei geklettert. Die beiden Routen, die durch das Riesendach führten, zählten zu den schwierigsten hakentechnischen Klettereien in der Umgebung von Graz. Als das Freiklettern immer moderner wurde, interessierte sich niemand mehr für diese Routen. Einige Haken brachen aus und keiner machte sich die Mühe, sie zu ersetzen. Sie wurden unkletterbar und das Zigeunerloch begann langsam zu verwaisen. Eine verrußte Feuerstelle, zerbrochene Bierflaschen und Präservative (vielleicht auch das eine oder andere Kind) zeugten davon, dass es inzwischen eine andere Verwendung gefunden hatte.

Ich führe es auf die unglaubliche Junihitze des Jahres 1987 zurück, dass Christoph die Idee hatte, wir sollten das Zigeunerloch einmal frei versuchen. Und ich führe es auf eine Gehirnhautentzündung zurück, die ich mit sieben Jahren hatte und die mich so empfindlich gegen Hitze gemacht hat, dass ich es für eine gute Idee hielt. Obwohl nur eine Gehminute von der Straße entfernt, stellt das Zigeunerloch eine Welt für sich dar: Selbst im Hochsommer weht ein kühler Wind aus dem Inneren der Höhle, und selbst wenn es wochenlang nicht mehr geregnet hat, ist der Fels stellenweise feucht. Vor allem aber leben im Zigeunerloch Tauben, unzählige Tauben und alle sind sie krank. Die meisten sitzen teilnahmslos am Boden herum, tagelang, und irgendwann fallen sie um und sind tot. Die wenigen, die noch fliegen können, nisten in den Löchern der Wand.

Nachdem wir den Plafond stundenlang mit dem Fernglas nach Griffen abgesucht hatten, fanden wir im linken Teil des Portals eine Linie, von der wir dachten, dass sie vielleicht frei kletterbar und zu steil für kranke Tauben sei, und begannen, Bohrhaken zur Sicherung zu setzen. Mit der Bohrmaschine seilten wir uns in die Wand, die so steil war, dass wir nach wenigen Metern den Kontakt zum Fels verloren. Wir mussten im Seil hängend zu pendeln beginnen, bis wir uns mit der einen Hand irgendwo am Fels festhalten konnten, um mit der anderen Löcher für die Haken zu bohren. Nach zehn Metern wurde der Fels so überhängend, dass wir auch durch Pendeln unmöglich bis zum Fels gelangten, und wir mussten uns mit Klemmkeilen und anderen Tricks von der Dachkante nach innen vorkämpfen, um auch dort Haken setzen zu können. Als nach zwei Wochen endlich alle Haken im Fels waren, waren wir eigentlich reif für ein paar Rasttage, aber natürlich viel zu neugierig, ob es gehen könnte, und so begannen wir gleich mit den ersten Versuchen.

Denn unser neues Projekt konnte sich sehen lassen: Auf eine acht Meter hohe überhängende Wand mit kleinen Griffen folgte ein etwa sechs Meter langes horizontales Dach, an dessen Ende man eine vier Meter lange, etwa 45 Grad überhängende Wand überwinden musste, um zu einem breiten, nach unten offenen Riss zu gelangen, dem man stark überhängend weitere sechs Meter nach rechts folgen musste. An einem dünnen Riss hangelnd, ging es etwa fünf Meter direkt an die Kante des Riesenüberhangs, wo man in einem Loch einen Fuß verklemmen konnte, um so, mit dem Kopf nach unten, hängend zu rasten. Danach folgte eine etwa zehn Meter hohe, überhängende Ausstiegswand, die in der Mitte von einem kleinen Dach unterbrochen wurde. Wir waren stolz auf diese Linie und froh, endlich wieder ein Stück Fels gefunden zu haben, für das es sich lohnte, zu trainieren und all unsere Energien zu investieren. Sie übte eine magische Anziehungskraft auf uns aus, und so störte es uns anfangs wenig, dass wir überhaupt nicht weiterkamen.

Während der nächsten Wochen verbrachten wir unsere Tage bei den kranken Tauben im Zigeunerloch. Nicht nur, dass wir einen geplanten Kletterurlaub in Südfrankreich absagten, nach einiger Zeit kletterten wir auch keine anderen Routen mehr, sondern hingen nur noch in unserem neuen Projekt herum.

Für gewöhnlich waren Christoph und ich alleine im Zigeunerloch. Eines Tages aber kamen Freunde mit, um sich das Ganze einmal anzusehen, von dem wir immer gesprochen hatten und weswegen man uns schon lange in keinem anderen Klettergebiet mehr gesehen hatte. Ihr sonderbares Verhalten versetzte uns den ganzen Tag über in Erstaunen. Während wir uns zwischen den erfolglosen Versuchen wie immer in die Höhle, gut hundert Meter ins Innere des Berges zurückzogen, um dort zu rasten, suchten sie sich einen sonnigen Platz. Als sie uns dennoch einmal widerwillig zu unserem Rastplatz begleiteten, tapsten sie ungeschickt vorwärts, stießen sich an Felsvorsprüngen und stolperten über Steine, während wir uns trotz der Dunkelheit ausgezeichnet zurechtfanden. So sehr uns ihre Unsicherheit erheiterte, so unheimlich war ihnen unsere Sicherheit. Darauf angesprochen, erinnerten auch wir uns an Zeiten, da wir sonnige Plätze suchten und ohne Taschenlampen im Inneren der Höhle hoffnungslos verloren gewesen waren.

Die vielen Tage und Wochen, die wir nun schon im Zigeunerloch verbracht hatten, mussten uns irgendwie verändert haben. Bedenklich daran war, dass wir selbst diese Veränderungen nicht wahrgenommen hatten, sondern erst durch den Unterschied zu den anderen darauf aufmerksam wurden. Zwar war uns schon vor Tagen eine zunehmende Rötung unserer Augen aufgefallen, die wir auf den Staub, der beim Bohren von Hakenlöchern entsteht, zurückgeführt hatten. Doch erst jetzt erkannten wir, dass es sich um keine Entzündungen handelte, sondern dass sich unsere Pupillen ins Rote zu verfärben begannen.

Während der nächsten Tage zwangen wir uns dazu, das Innere der Höhle nicht zu betreten. Ich weiß nicht, was uns mehr Energien kostete: Die Versuche am Projekt oder zwischen den Versuchen am Eingang der Höhle sitzen zu bleiben. Unruhig wetzten wir auf unseren Rucksäcken sitzend herum und schielten gierig in das schwarze Loch hinein, das uns aufzusaugen schien. Selbst im Schatten unseres Überhangs, auch bei bewölktem Himmel, mussten wir unsere Augen hinter dunklen Sonnenbrillen verbergen, weil uns das Tageslicht zu sehr schmerzte. Während der ersten Wochen hatten wir versucht, alle Einzelstellen der Route, eine nach der anderen, zu klettern, und tatsächlich war es uns schon mehrmals gelungen, an jedem Haken rastend bis zum Ausstieg zu klettern. Dabei hatte sich die vier Meter hohe Wand am Ende des Fünf-Meter-Daches als Schlüsselstelle herausgestellt. Hätte die Route davor geendet, wäre sie immerhin auch 9+ gewesen, aber es folgten noch die extrem schwierige Stelle und danach noch weitere fünfzehn Meter extreme Kletterei. Als wir damit begonnen hatten, die Route durchgehend zu klettern, ohne an Haken oder sonstigen Hilfsmitteln zu rasten, waren wir von Versuch zu Versuch ein Stück höher gekommen, bevor uns die Kraft verlassen hatte und wir ins Seil gestürzt waren. Doch nun gab es seit Tagen keinen Fortschritt mehr. Es konnte kein Zufall sein, dass wir seit dem Tag, an dem wir uns gezwungen hatten, das Innere des Zigeunerlochs nicht mehr zu betreten, keinen Zentimeter mehr vorangekommen waren und nun schon seit Tagen in der überhängenden Wand nach dem Dach stürzten, denn die Pausen begannen uns mehr Kräfte zu rauben als das Klettern selbst. Nach etwa vierzehn Tagen war unser Wille gebrochen. Christoph war gerade wieder einmal an derselben Stelle gestürzt. Ich ließ ihn am Seil zurück zum Boden, wo er wutentbrannt den Seilknoten am Klettergurt öffnete, seine Sonnenbrille zu

Boden warf und, ohne mich zu beachten, auf das Innere der Höhle zuging. Ich löste das Seil von meinem Sicherungskarabiner und lief ihm nach. Doch nicht, um ihn zurückzuhalten, sondern um ihm zu folgen. Auch wenn ich viele Ereignisse aus diesen sonderbaren Tagen bereits vergessen oder gar nicht registriert habe, so ist mir dieser Tag, der Tag, an dem wir in die Höhle zurückkehrten, als einer der glücklichsten meines Lebens in Erinnerung. Wie kleine Kinder freuten wir uns und hüpften auf den schlüpfrigen Steinen herum, kletterten die nassen Höhlenwände ein Stück hinauf und krochen in die entlegensten Winkel. Von diesem Tag an hatten wir auch an unserem Projekt wieder Freude – und Erfolg. Zwar war uns die gesamte Route noch immer nicht gelungen, doch immerhin schafften wir jetzt immer öfter die Schlüsselstelle, bevor uns die Kraft ausging. Von nun an verbrachten wir alle Tage im Zigeunerloch, auch die Rasttage, an denen wir nicht kletterten.

Was folgte, ist mir nur noch bruchstückhaft in Erinnerung, und ich bin erst heute, Jahre danach, in der Lage, die Ereignisse zu rekonstruieren. Ich bin dabei vor allem auf Birgit, Andrea, Mutti und Freunde angewiesen, um verstehen zu können, was damals wirklich passiert ist. So erzählen sie, dass Christoph und ich oft tagelang wie vom Erdboden verschluckt waren, um dann völlig verwildert wieder aufzutauchen. Ich weiß nicht, wo wir diese Tage verbrachten, es muss wohl im Zigeunerloch gewesen sein. Ich weiß nicht, wovon wir uns ernährten, es muss wohl von dem gewesen sein, was das Zigeunerloch uns gab. Ich erinnere mich nur an die besorgten und fragenden Blicke der anderen, die wir am Weg zu unserem Projekt oder wieder nach Hause trafen. Als es immer öfter vorkam, dass es plötzlich ruhig wurde, wenn wir einen Raum betraten und alle betroffen zu Boden blickten, zogen wir es vor, im Zigeunerloch zu bleiben oder zu Hause in unseren verdunkelten Zimmern von unserem Projekt zu träumen.

Sooft wir die Route auch im Kopf geklettert waren, wenn wir sie dann wirklich versuchten, riss jedes Mal irgendwo der Film und wir stürzten ins Seil. Wir scheiterten so oft, uns gelang so lange nichts – vielleicht, weil wir es überhaupt nicht schaffen wollten. Denn solange wir dort oben ein Projekt hatten, gab es für uns und vor den anderen einen Grund, ins Zigeunerloch zu fahren.

Es war mittlerweile Hochsommer geworden und die Kluft zwischen uns und den anderen wurde immer unübersehbarer: Während sie von der Sommersonne immer brauner und brauner wurden, wurden wir immer weißer. Es war dies keine normale Blässe, wie man sie bekommt, wenn man so wie wir den ganzen Tag im Schatten verbringt. Vielmehr wurde unsere Haut wirklich weiß und begann eine andere Konsistenz anzunehmen. Irgendwie wurde sie glatter und begann zu glänzen. Diese dramatischen Veränderungen, die mit uns passierten, vergrößerten natürlich die Kluft, die uns vom normalen Leben trennte und unseren seelischen Konflikt. Wir liebten die Welt, so wie sie bisher war, und wir sehnten uns nach dem normalen Leben, das wir einmal geführt hatten. Doch wir liebten auch das Zigeunerloch, unser Projekt, das Klettern.

In seinem Buch »Master of the Rock« hatte John Gill, einer der Väter des modernen Sportkletterns, geschrieben: »*Das Bewältigen einer schwierigen Kletterstelle erfordert die völlige Identifikation mit ihr!*« Dieser Satz war für mich zur Maxime geworden, weil auch ich das Klettern als einen Vorgang der Anpassung verstanden hatte, indem man seinen Körper auf die Anforderungen einer Route abzustimmen hat.

Auch damals glaubte ich an diesen Satz, obwohl ich mir eingestehen musste, diesmal einen Schritt zu weit gegangen zu sein. Es war wohl dieser seelische Druck, der auf uns lastete, dass wir erneut keine Fortschritte mehr machten. Die meisten Versuche endeten bereits zwei Meter unter dem höchsten bisher von uns erreichten Punkt. Auch körperlich waren wir völlig ausgebrannt. Unter diesen Umständen war es höchst unwahrscheinlich, dass wir in der nächsten Zeit Erfolg haben würden. Einerseits wäre Aufgeben einer Niederlage gleichgekommen. Andererseits hatten wir bereits den Punkt erreicht, an dem wir nichts mehr gewinnen konnten. Denn zu lange hatten wir den Überhang schon versucht, als dass es eine besondere Leistung gewesen wäre, ihn zu schaffen. Unsere Körper waren mittlerweile optimal auf die Anforderungen, die das Projekt an uns stellte, abgestimmt: Unsere Beine waren zu Gunsten immer stärker werdender Arme schon ziemlich verkümmert, zwischen den Fingern waren uns Häutchen gewachsen, die uns bei abschüssigen Griffen eine größere Auflagefläche und damit mehr Reibung ermöglichten, unsere veränderte Haut schwitzte nicht, und so verloren wir keine Kraft mehr durch Nachchalken. Wir konnten selbst im Dunkeln klettern und uns von dem ernähren, was das Zigeunerloch uns gab.

Was half uns das alles, wenn wir uns dafür schämten und wenn der Konflikt, der dadurch entstand, einen Erfolg unmöglich machte? Wir erkannten, dass es keinen Sinn hatte, an einer Welt festzuhalten, zu der wir ohnehin nicht mehr gehörten. Das Zigeunerloch war unsere neue Welt – unsere einzige Welt – und dazu mussten wir stehen, wenn wir nicht als Bewohner zweier Welten zerbrechen wollten. Vielleicht waren wir gar nicht einen Schritt zu weit gegangen; vielleicht hatten wir sogar noch einen Schritt zu wenig gesetzt, weil wir Gills Imperativ viel zu eng gefasst hatten. Vielleicht mussten wir uns nicht nur körperlich mit unserem Projekt identifizieren, sondern auch geistig. So kam es auch in dieser Beziehung zum Bruch mit der Umwelt. Es war dies der letzte Schritt am Ende eines langen Weges, die letzte Konsequenz, die wir noch nicht gezogen hatten. Uns wurde dieser Schritt nicht schwer gemacht. Nie werde ich den traurigen Tag vergessen, an dem mir meine Mutter verlegen sagte, dass sie Besuch erwarte, mir etwas Geld in die Hand drückte und mich bat, doch ins Zigeunerloch zu fahren. Meine eigene Mutter begann sich für mich zu schämen. (Heute kann ich ihr deswegen nicht mehr böse sein, weil ich weiß, dass sie es war, die jeden Morgen eine Schale Milch vor den Eingang der Höhle stellte.) Ich fuhr ins Zigeunerloch und blieb – für Wochen! Da wir von niemandem je gesehen wurden, liegt die Vermutung nahe, dass wir erst abends aus der Höhle kamen, um zu klettern. Das für uns Wichtigste war, dass unser Leben nun in geregelten und normalen Bahnen lief. Das gab uns die Kraft, endlich zu akzeptieren, was mit uns geschehen war und noch geschehen würde. Hatten wir früher verschämt unsere Hände in den Hosentaschen versteckt, so trugen wir sie jetzt frei, auch kletterten wir jetzt wieder mit nacktem Oberkörper, weil es uns egal war, dass unsere Schulterblätter immer mehr kleinen Flügeln zu gleichen begannen.

Erneut konnten wir all unsere Energien dem Projekt widmen. Immer näher am Ausstieg endeten unsere Versuche im Seil, wo wir laut schnatternd unserem Ärger Luft machten. Schließlich gelang es uns, den Bann des »Zigeunerbarons« (denn so tauften wir die Route) zu brechen. Nie werde ich den Tag vergessen, an dem Christoph als Erster den Durchstieg schaffte. So leicht sah es diesmal aus, dass ich nicht verstand, wieso wir so lange daran arbeiten mussten. Nicht ein

Fehler passierte ihm. Es war totenstill. Ich hörte nur sein Schnaufen und ab und zu einen leisen, nur für uns hörbaren Piepser, mit dem er in der Dunkelheit den nächsten Griff ortete, bevor er ihn ansprang. Nach etwa fünfundzwanzig Minuten hängte er das Seil in den Umlenkkarabiner. Aufgeregt gurrte, schnatterte und piepste er vor Freude durcheinander, als auch er nach einiger Zeit realisierte, dass nun endlich der Augenblick gekommen war, auf den wir so lange gewartet hatten. Vier Tage später gelang auch mir der Durchstieg.
Jetzt, da alles erreicht war, fiel auch die große Anspannung, die sich während der letzten Monate aufgebaut hatte, von uns wie ein alter, schwerer Mantel. Die Tage wurden immer kürzer und kühler und wir verließen nur noch selten die Höhle und wurden von Tag zu Tag immer müder. Wir wussten, was kommen würde. Wenn der erste Winterschnee Frieden und Stille bringt, würden wir in einen tiefen, tiefen Schlaf verfallen. Und wir freuten uns darauf, im nächsten Frühjahr eine neue Route zu versuchen.

21

Schon an einem der ersten warmen Tage des nächsten Jahres gelang mir eine Erstbegehung am Kugelstein und damit ein nahtloser Anschluss an den letzten Herbst. Ich weiß nicht, welcher Gedanke erträglicher ist. Dass eine ganz kleine Ursache, nichts praktisch, das Leben vollkommen verändern kann. Oder dass dieses Nichts nur der Schlusspunkt eines langen, tiefen, aber unbemerkten Prozesses ist – der berühmte Tropfen, der das Fass zum Überlaufen bringt … Vielleicht ist es auch einerlei, denn in beiden Fällen geht es um dieses »praktisch Nichts«, das alles verändert, und um die Frage ob alles, was sich daraus ergeben hat, so hat sein müssen, ob es auch dann so gekommen wäre, wenn es dieses Nichts nie gegeben hätte. Der Flügelschlag des Schmetterlings, der angeblich ein Unwetter auszulösen vermag. Der Stich einer Mücke in meinen rechten Unterschenkel während der Erstbegehung am Kugelstein. Am Abend bemerke ich einen roten Streifen, der sich vom Stich ausgehend langsam nach oben bewegt. Noch in der Nacht bringt mich Birgit ins Krankenhaus. Ich bekomme Infusionen, Tabletten und Salben. Nach drei Tagen werde ich entlassen. Ich bin wieder gesund. Ich gehe wieder klettern. Eine Woche später vor dem Fernseher: Ich bekomme plötzlich so schwer Luft. Ich gehe in die Küche und esse ein paar Erdbeeren. Ich gehe in der Küche auf und ab. Es wird nicht besser. Ich gehe auf den Balkon. Ich beginne am ganzen Körper zu zittern. Mir wird schwindlig. Birgit ruft den Notarzt. Der erste Anfall hat mich noch überrascht und augenblicklich aus der Welt gekippt.

22

Zuerst fiel mir der frische Geruch seines Rasierwassers auf, dann seine silberne Rolex mit Lederarmband aus den Vierzigerjahren und erst als Letztes sein gepflegter, aber etwas zu langer Schnurrbart. Denn er war der Typ Mensch, in dessen Gegenwart ich mir ungepflegt vorkam, weil ich selbst nicht nach Rasierwasser roch, in dessen Gegenwart ich unsicher wurde, weil er eine derartige Selbstsicherheit ausstrahlte, dass ich unweigerlich glaubte, durchschaut zu werden. Deshalb konnte ich zuerst nur mit meinen Händen spielen und auf den Boden schauen. Deshalb zuerst das Rasierwasser, dann die Rolex und erst zum Schluss der Bart, denn es dauerte lange, bis ich ihm ins Gesicht schauen konnte. Er saß mit übereinander geschlagenen Beinen an der gegenüberliegenden Seite eines niedrigen Holztischchens und schaute mich an. Hinter ihm, an der Wand, hing ein Regal mit Aktenordnern, deren Rücken mit Namen von Krankheiten beschriftet waren – Depression, Angst, Magersucht, Schizophrenie usw. – und ich fragte mich, in welchem ich wohl landen würde. Denn Dr. Frank ist mein Psychiater und das war meine erste Sitzung bei ihm.

Das war vor mehr als zwei Monaten. Heute war mein letzter Termin bei ihm. Das hat er mir soeben gesagt. Natürlich bin ich verwundert, denn wir sprachen nie darüber, wie lange es dauern werde, und er sagte mir auch nie, dass es mir von Tag zu Tag besser gehe (so als ob ich das selber hätte wissen müssen) und somit ein Ende der Therapie absehbar gewesen wäre. Mir fiel nur auf, dass er mich immer seltener zu sich bestellte. Zuerst dreimal die Woche, dann zweimal, dann einmal und heute gab er mir keinen weiteren Termin mehr. Er hat gesagt, dass ich noch nicht gesund sei und dass ich noch lange nicht gesund sein werde, dass ich jetzt aber stark genug wäre, um es selbst zu schaffen. Vielleicht hat er aber auch nur das Interesse an meinem Fall verloren.

Eigenartig, dass ich mir nicht vorstellen kann, wie es ohne ihn weitergehen soll. Dabei bin ich die ersten Wochen gar nicht freiwillig zu ihm gegangen. Und das erste Mal schon gar nicht. Das war bei meinem letzten Anfall, als ich ein Rettungsauto überfallen hatte. Als es losging, war Birgit gerade bei mir. Sie setzte mich ins Auto und führte mich Richtung Krankenhaus. Aber der Verkehr war in den Abendstunden derart dicht, dass es bald kein Weiterkommen mehr gab. Je langsamer wir vorankamen, desto schlimmer wurde es, und als wir schließlich eingeklemmt zwischen Autos feststeck-

ten, war ich knapp daran, ohnmächtig zu werden. Da sah ich zehn Meter vor uns ein Rettungsauto mit ausgeschaltetem Blaulicht, das auch im Stau stand. Ich lief nach vorn, riss die Beifahrertür auf und schrie den Fahrer an, dass ich jeden Moment sterben würde und er mich ins Krankenhaus fahren müsse. Er schaltete das Blaulicht ein und vor uns teilte sich der Verkehr, wie sich das rote Meer angeblich einmal geteilt hatte. Fünf Minuten später lag ich auf dem Untersuchungstisch der Notaufnahme, weitere zwei Minuten später bekam ich meine Valiumspritze und weitere fünf Minuten später saß ich im Zimmer eines Arztes, der mir erklärte, dass er mich nicht so ohne weiteres gehen lassen könne. Ich fühlte mich nach der Spritze wieder gut und sagte ihm, dass mir nun nichts mehr fehle. Er war aber ganz anderer Meinung und bestand darauf, dass ich bleibe.
»Dann unterschreibe ich einen Revers!«
»Leider können Sie keinen Revers unterschreiben.«
»Wie meinen Sie das? Ich habe doch immer einen Revers unterschrieben!«
»Aber nicht bei uns! Zumindest nicht, bevor ich mit einem Angehörigen von Ihnen gesprochen habe.«
Erst jetzt sagte er mir, wo ich war. Der Rettungsfahrer hatte mich nämlich geradewegs dorthin gebracht, wo ich seiner Meinung nach hingehörte: in die Notaufnahme der Psychiatrie. Das war für mich der letzte Ort, an dem ich freiwillig bleiben wollte, denn es wäre für mich wie ein Zugeständnis gewesen, verloren zu haben. Ich spürte, dass die Last dieses Zugeständnisses weit größer gewesen wäre als die mögliche Hilfe, die ich dort zu erwarten hatte. Einmal mehr war Andrea meine Angehörige. Einmal mehr schaffte sie es, den Arzt zu überreden, dass er mich gehen ließ. Doch diesmal dauerte alles viel länger und ich musste vor der Tür warten. Erst am

nächsten Tag brachte sie mir bei, dass meine Entlassung an eine Bedingung geknüpft war: Ich musste mich bei einem Dr. Frank melden.

Unser erstes Gespräch bestand in den ersten Minuten aus Schweigen. Eine kurze Begrüßung und dann sprachen wir kein Wort mehr. Langsam arbeitete ich mich vom Rasierwasser über die Rolex zu seinem Gesicht hinauf und sah, wie er mich unverlegen anlächelte. Ich lächelte zurück – natürlich verlegen – und arbeitete mich dann wieder vom Gesicht über die Rolex zu seinem Rasierwasser zurück.

Mit einem »Und?« erlöste er mich endlich.

»Und was?«, fragte ich zurück, denn mir kam die Frage doch recht vage vor. Aber er lächelte nur unverlegen.

»Bis vor einem halben Jahr war ich Kletterer«, begann ich meine Geschichte vom ersten Anfall bis zum Überfall des Rettungsautos zu erzählen. Ich ließ mir viel Zeit und bemühte mich, nur ja nichts auszulassen, weil ich mir dachte, je genauer ich erzähle, desto genauer kann seine Diagnose ausfallen. (Schließlich standen ja die Ordner bereit.) Aber als ich fertig war, wieder nur Schweigen und unverlegenes Lächeln.

»Was glauben Sie, was da in den letzten Monaten mit mir passiert ist?«, fragte ich ihn.

»Warum ist es für Sie so wichtig, zu wissen, was in den letzten Monaten mit Ihnen passiert ist?«

»Weil ich wissen muss, ob es gefährlich ist oder nicht, weil ich wissen muss, ob ich verrückt werden kann oder nicht!«

»Haben Sie Angst davor, verrückt zu werden?«

Aus dem Mann war absolut nichts herauszubekommen, und ich spürte, dass ich tatsächlich verrückt werden würde, wenn das mit den Gegenfragen nicht bald aufhörte. Schließlich sagte er doch noch etwas: »Ich glaube, dass ich Ihnen helfen kann!« Dann gab er mir den nächsten Termin und die

Adresse eines Neurologen, denn: »Ganz ohne Medikamente wird es nicht gehen.«

Beim Neurologen musste ich auf einem Bein stehen und bei geschlossenen Augen mit der rechten Hand meine Nasenspitze treffen, meine Nase in Fläschchen stecken und erkennen, was ich rieche. Dann bewegte er einen Bleistift vor meinem Gesicht hin und her, und ich musste ihm nachschauen, ohne den Kopf zu bewegen. Alles war in Ordnung. Ich war weder krank noch betrunken.

Am nächsten Tag war ich beim Röntgenfacharzt, den mir der Neurologe »nur um ganz sicher zu sein« aufgeschrieben hatte. Dort musste ich mit nacktem Oberkörper auf einem eiskalten Tisch liegend meinen Kopf in den unmöglichsten Positionen vollkommen ruhig halten – Tantra-Röntgen.

»Bitte können Sie noch einmal in den Untersuchungsraum kommen. Wir müssen noch einige Aufnahmen machen.« Die Assistentin gibt sich alle Mühe, ganz harmlos zu wirken. Doch als mich dort der Arzt persönlich empfängt und auf dem kalten Untersuchungstisch in die richtige Position legt, weiß ich sofort, dass etwas nicht in Ordnung ist. »Bitte warten Sie draußen, die Bilder werden gleich entwickelt!«

»Es tut mir Leid, Ihnen sagen zu müssen, dass wir etwas gefunden haben!«, sagt der Arzt nach ein paar Minuten und zeigt mir das Röntgenbild meines Schädels, auf dem fein säuberlich rot eingekreist ein etwa zwei Zentimeter großer Schatten zu sehen ist. Als er bemerkt, dass ich zu zittern beginne, gibt er sich alle Mühe, interessiert, aber nicht besorgt auszusehen.

»Sie müssen sich nicht aufregen, es kann etwas ganz Harmloses sein. Anhand eines Röntgenbildes kann man das nicht feststellen.«

Ob es die Narbe einer alten Verletzung sein könne? »Nein«,

sagt er,»das sieht anders aus.« Ob es von meiner Gehirnhautentzündung stammen könne? Nein, auch das sehe anders aus. Was es dann sein könne. Das wisse er nicht, das Röntgenbild gibt darüber keinen Aufschluss. Ob es ein Tumor sein könne? Ja, das wäre eine Möglichkeit, aber eine unter vielen. Er gibt mir eine Packung Beruhigungstabletten, einen Zettel mit der Adresse einer Klinik, an der er für den nächsten Tag einen Termin zur Computertomografie für mich organisiert, und seiner Assistentin für den Rest des Nachmittags frei, damit sie mich nach Hause begleiten kann. Denn ich kann nicht mehr allein gehen. Mit einem aufmunternden Lächeln verabschiedet er sich von mir.

Die Assistentin liefert mich bei Mama ab und ich lege mich zitternd ins Bett. Natürlich kann ich nicht schlafen, aber irgendwann, mitten in der Nacht, höre ich plötzlich auf zu zittern. Es gibt jetzt nichts mehr zu tun, nichts mehr zu denken, nichts mehr zu fühlen. Ich liege mit offenen Augen auf dem Bett und beobachte die Lichtspiele der vorbeifahrenden Autos an der Zimmerdecke. Ich warte nur noch darauf, wie sich alles entwickeln wird. Ausgerechnet jetzt habe ich seit Monaten das erste Mal keine Angst.

Am nächsten Morgen muss ich einen Gürtel verwenden, um meine Hose zu halten. Birgit bringt mich ins Spital, und ich lege mich in eine enge Röhre, wo mein Hirn vom Computertomografen in tausende dünne Scheiben zerschnitten wird. Ob ich eine Beruhigungsspritze möchte? »Nein, ich bin vollkommen ruhig.« Als alles vorbei ist, sagt eine freundliche Assistentin, dass es am besten wäre, wenn ich wieder nach Hause ginge, und dass man mich anrufen werde, sobald der Befund fertig ist.

Seit gestern ist die Welt voll von freundlichen Menschen, die so tun, als wäre alles ganz harmlos. Birgit bringt mich nach

Hause, ich lege mich ins Bett und warte auf den Anruf. Nach fünf Stunden läutet das Telefon. »Herr Hrovat?«, sagt eine Männerstimme, »ich kann Sie beruhigen, zu 99 Prozent handelt es sich um einen harmlosen Geburtsdefekt. In fünf Monaten machen wir eine Nachuntersuchung, dann wissen wir es zu hundert Prozent. Aber ganz sicher hat das alles nichts mit Ihrem Zustand zu tun.«

Mit jeder Träne kehrt mein Gefühl, das mich so allein gelassen hat, zurück.

Drei Tage nach meinem ersten Termin saß ich wieder am niedrigen Holztischchen und wurde von Dr. Frank unverlegen angelächelt. Die vergangenen Tage waren doch recht aufregend für mich, denn schließlich wurde ich zu Tode diagnostiziert und war von den Toten wieder auferstanden. Und so entstand diesmal keine (für mich) peinliche Stille nach der Begrüßung, sondern ich begann gleich zu erzählen.

»Solche Zufallsbefunde kommen immer wieder vor. Jeder zehnte Mensch hat verdächtige Schatten auf dem Röntgenbild, die nichts bedeuten«, war das Einzige, was er dazu sagte, und so waren wir bald wieder bei einem anderen Thema: bei mir. Wieder stellte er Fragen, die ich nicht verstand oder auf die ich keine Antworten wusste, wieder bekam ich keine Antworten auf meine Fragen. Jeder Satz, den ich aussprach, blieb bedrohlich in der Luft hängen und wartete darauf, wieder von mir aufgegriffen zu werden oder mich zu erschlagen. Auf diese Weise wurde aus meinem Monolog langsam ein Dialog – natürlich nicht mit ihm, aber immerhin mit mir selbst. Dr. Frank saß die meiste Zeit nur da, stellte zwischendurch kurze Fragen und machte sich Notizen, die ich nie zu Gesicht oder zu Gehör bekam und die wahrscheinlich in irgendeinem Ordner hinter ihm an der Wand verschwanden.

Wenn ich zumindest gewusst hätte, in welchem, aber es war absolut nichts zu erfahren.

Wenn ich an diese ersten Therapiestunden zurückdenke, ist es wirklich eigenartig, dass ich mir nicht vorstellen kann, wie es ohne ihn weitergehen soll. Wenn ich aber daran denke, wie die nächsten Sitzungen verliefen, ist es mir richtig unbegreiflich. Denn von Sitzung zu Sitzung wurden seine Fragen immer präziser und meine Unruhe immer größer, weil ich das Gefühl hatte, von ihm eingekreist zu werden, und dass er nun damit begann, seine Kreise immer enger zu ziehen. Es gab da nicht mehr vieles, an das ich glaubte und das mir wichtig war. Darum erzählte ich sehr viel vom Klettern und wie viel es mir bedeutete. Dabei fühlte ich mich recht sicher, denn es war ein bekanntes und vertrautes Terrain. Und obwohl er nie sagte: »Erzählen Sie mir hiervon und davon«, ist es ihm immer wieder gelungen, mich durch seine Fragen ganz woanders hinzulocken, in Bereiche, in denen ich mich nicht mehr so vertraut und sicher fühlte. Als ich ihm erzählte, dass das Schreckliche an meinem Zustand vor allem dieser so fürchterliche Bruch mit meinem bisherigen Leben war, sprengte er doch buchstäblich von einer Sekunde auf die andere mein Leben, indem er nur sagte: »Das glaube ich Ihnen nicht!«
»Was glauben Sie mir nicht?«
»Dass es von einer Sekunde auf die andere passiert ist!«
»Doch! Ich bin vor dem Fernseher gesessen und bekam plötzlich keine Luft mehr. Als es nicht besser wurde, rief Birgit den Notarzt, der mir irgendein Zeugs spritzte. Am nächsten Morgen bekam ich plötzlich wieder keine Luft mehr, wieder Notarzt ...«
»Glauben Sie also, dass das, was da vor dem Fernseher passiert ist, überhaupt nichts mit Ihrem Leben davor zu tun hat?«

»Natürlich! Am selben Tag ist mir eine schwierige Erstbegehung gelungen und deshalb ist es mir an diesem Abend sogar besonders gut gegangen. Ich habe wieder ein Ziel erreicht und war rundum zufrieden. Sehen Sie, bis zu diesem Abend war ich Kletterer. Bis zu diesem Abend bin ich die schwierigsten Routen geklettert. Das Klettern hat mein Leben ausgefüllt, es war meine Art, Mensch zu sein!«
»Was heißt das, das Bergsteigen hat Ihr Leben ausgefüllt? Heißt das, es hat Ihnen alles gegeben, was Sie im Leben brauchen? Oder heißt es, das Bergsteigen war so groß, dass nichts anderes Platz in Ihrem Leben gehabt hat?«
»Ich bin kein Bergsteiger! Ich bin Sportkletterer!«
Ich kann nicht verstehen, wie Menschen sich in ihre Psychiater verlieben können, denn ich begann den meinen immer mehr zu hassen. Wie ein Adler kreiste er die letzten Wochen über meinen Gedanken, stieß immer wieder pfeilschnell, ohne dass ich es bemerkte, herunter, schnappte sich die wichtigsten und speichelte sie mit Psychotherapeutenspeichel ein. Jetzt begann er seine Beute fein säuberlich in Form von Fragen vor mir auszubreiten. Auch wenn die Sitzungen sehr intellektuell abliefen, so merkte ich bald, dass sie Veränderungen in anderen Bereichen meines Lebens hervorriefen. Seltsame Träume, seltsame Gedanken, seltsame Wahrnehmungen – mit der Zeit der Nächte mit wunderbar traumlosem tiefem Schlaf war es vorbei.
Meine letzte Sitzung. Ich kann nicht sagen, ob es mir heute besser geht als bei der ersten. Zwar habe ich seit der ersten Sitzung keinen Anfall mehr gehabt, aber ich weiß, dass ich jederzeit wieder einen haben kann. Nein, eigentlich geht es mir nicht besser, aber vieles hat sich verändert. Seltsame Träume, seltsame Gedanken, seltsame Wahrnehmungen. Dr. Frank sagt, das ist gut so, und er muss es wissen, schließlich

ist er vom Fach. Wenn er mir keinen neuen Termin gibt und mich auch nicht zu einem anderen Facharzt schickt, dann ist das ein gutes Zeichen, dann kann alles nicht mehr so schlimm sein. Er hat ja selbst gesagt, dass ich jetzt stark genug sei. Die Zeit ist um, meine letzte Sitzung ist vorbei. Er gibt mir die Hand.
»Viel Glück! Sie können mich jederzeit anrufen. Sie wissen ja, wo ich zu finden bin.«
»Danke! Ja, ich weiß, wo SIE zu finden sind.« Ich zeige auf das Regal mit den Aktenordnern hinter ihm. »Aber noch lieber hätte ich gewusst, wo ICH zu finden bin.«

23

Oft bin ich nahe daran, Dr. Frank anzurufen, aber ich bin zu stolz dazu. Ich will nicht einer von denen sein, die glauben, ohne ihren Psychiater nicht mehr leben zu können. Natürlich, er ist nicht nur Psychiater, sondern auch Arzt, und ich könnte so tun, als würde ich ihn deshalb anrufen. Andererseits hat er viel Zeit gehabt, sich ein Bild von meinem Zustand zu machen, und dass er mir keinen Termin mehr gab, macht mich sicher, denn irgendwie habe ich Vertrauen zu ihm. Obwohl es mir nicht besser geht, geht es mir deshalb besser. Zwar habe ich noch immer Angst, dass ich von einer Sekunde auf die andere tot umfalle oder dass ich verrückt werde, aber ich weiß, dass es nicht passieren wird. Das macht die Angst nicht weniger – noch immer liege ich die meiste Zeit mit den Schuhen auf dem Bett und sehe zum Stein auf dem Schreibtisch hinüber – aber ich bin mir nicht mehr so ausgeliefert und kann mir dabei zusehen. Ich bin in zwei Teile geteilt. Der eine erlebt, der andere weiß davon.

Der eine hat Angst, der andere weiß, dass er Angst hat, und sieht ihm dabei zu. Solange das so bleibt, werde ich nicht anrufen! Natürlich fühle ich mich von ihm allein gelassen, denn es passieren Dinge mit mir, von denen ich nicht weiß, was ich mit ihnen anfangen soll und wohin sie mich führen: Irgendetwas ist in mir aufgebrochen und schleudert Bilder von früher hervor. Oft überfallen sie mich regelrecht, und selbst wenn es nur für Bruchteile einer Sekunde ist, lösen sie in mir eine Unruhe aus, die ich nicht mehr vertreiben kann. Ich stehe am Balkon von Birgits Wohnung im fünften Stock und schaue auf die Straße hinunter. Es ist kurz vor Sonnenuntergang und die Hauswand leuchtet in einem warmen Gelb. Nach einem heißen Tag beginnt die Luft kühler zu werden, aber die Hauswand strahlt die Hitze des Tages ab. Wie an den viel zu heißen Tagen in Südfrankreich, als es tagsüber zu heiß zum Klettern war und wir erst am frühen Abend zu den Felsen gingen. Beim Klettern wurden unsere Rücken von der Abendluft gekühlt, während die Vorderseite unserer Körper von der Hitze der Felsen bestrahlt wurde. Für einige Zeit befanden wir uns genau dort oder besser gesagt waren wir es, wo die Erinnerung des heißen Tages mit der Hoffnung auf die kühlere Nacht aufeinander trafen. Jetzt, im Herbst, liegt oft der Geruch vom Rauch der Feuer in der Luft, mit denen die Heimgärtner das Laub verbrennen. Wie im Camp IV. Am Abend hing der Rauch der Lagerfeuer in den Bäumen und vermischte sich mit dem Stimmengewirr der Kletterer. Bilder aus einer Zeit, in der ich nicht atmen und mein Herz schlagen musste. Bilder, die so stark sind, dass es für mich keinen Zweifel daran gibt, dass alles tatsächlich so gewesen ist. Ich erkenne sie, aber sie lassen keine Erinnerung in mir aufkommen, denn ich habe kein einziges davon wahrgenommen.

Bei einem Maturatreffen hat unser Klassenvorstand Dias von unseren Schikursen und Wandertagen gezeigt. Auf einem war ich mit drei Klassenkameraden auf dem Gipfel des Hochschwabs zu sehen. Ich konnte mich an diesen Ausflug nicht erinnern und kann es bis heute noch nicht. Andererseits gibt es dieses Bild, das keinen Zweifel daran lässt, dass dieser Wandertag tatsächlich stattgefunden hat. Und es besteht auch kein Zweifel, dass ich daran teilnahm, denn der mit dem gestreiften Pullover, der Zweite von links, der bin eindeutig ich. Es fühlte sich eigenartig und beunruhigend an, dieses Foto anzusehen, denn natürlich erkannte ich alles: den Hochschwabgipfel, meine Schulkameraden, mich selbst. Aber es löste überhaupt keine Erinnerung in mir aus. Das Einzige, was von diesem Tag übrig geblieben war, ist dieses eine Foto – es ist das Foto von einem Tag, der in meiner Erinnerung nie stattfand.

Wenn mich die Bilder aus der Vergangenheit überfallen, fühle ich dasselbe wie beim Betrachten dieses Fotos. Es ist ein Erkennen ohne Erinnern, ein Wahrnehmen von etwas, das ich vor langer Zeit übersehen habe. Und doch nur das Wahrnehmen von einem Bild von etwas, das ich vor langer Zeit übersehen habe, denn es selbst ist unwiederbringlich verloren. Das ist es, was mich so beunruhigt. Wie konnte ich das bloß übersehen? Ich war doch dabei! Und was übersehe ich jetzt, in diesem Augenblick? Was wird bleiben? Die Bilder verdeutlichen einen Bruch, der mitten durch mich selbst geht und in jedem Augenblick vorhanden ist. Denn sie zeigen mich nicht in der großen Zinne-Nordwand oder wie ich nach einer Nacht im Schneesturm endlich auf dem Gipfel stehe, sondern sie zeigen die anschließende Fahrt mit dem klapprigen 2CV auf den Karerpass hinauf, als uns ein Autobus mit uns zuwinkenden Schulkindern überholt. Sie zeigen nicht meine unzähligen Versuche am Zeitgeist oder den Moment, als ich endlich das Seil in die Umlenkung eingehängt und das Ziel meiner Träume erreicht habe, sie zeigen, wie wir uns zwischen den Versuchen im Gras von der Sonne haben wärmen lassen und Zigaretten geraucht haben. So als wäre mir die Sicht verstellt gewesen, ist mir die Bedeutung dieser Augenblicke ganz einfach verborgen geblieben. Ich weiß, wir müssen vergessen. Kein Mensch kann jeden Augenblick seines Lebens im Gedächtnis behalten. Das ist nicht das Problem. Das eigentliche Problem ist, dass ich diese Bilder und vor allem die Sehnsucht, die sie auslösen, nie wahrgenommen habe. Wenn ich wenigstens sagen könnte: »Mein Gott, ich möchte es noch einmal erleben.« Aber wie könnte ich? Sie zeigen mir ja nur, was ich nie erlebt habe.

24

Viktor Frankl sagte einmal, dass es einem Menschen nur in dem Maße besser gehen könne, in dem er etwas anderes finde, das stärker sei als das, woran er leide. Ich glaube, er hat Recht. Ich glaube, ich bin jetzt so weit. Was es ist? Es sind diese Bilder! Ich bin davon überzeugt, dass Dr. Frank mit seiner ewigen Fragerei sie auslöste. In Wirklichkeit interessierte ihn nie, was ich ihm erzählte. In Wirklichkeit interessierte ihn nur, was ich ihm nicht erzählte. Deshalb fragte und fragte er immer nur. Und irgendwie gelang es ihm damit, meine Aufmerksamkeit, diesen schmalen Lichtkegel, der auf das Innerste meiner selbst strahlt, zu verrücken.
Nein, es ist nicht sein Verdienst allein! Denn auch jetzt, Wochen nach der letzten Sitzung, dauert die Fragerei noch weiter an. Ich brauche ihn nicht mehr, denn die Fragen kommen

jetzt wie von selbst. Auch ohne ihn bewegt sich der Lichtkegel jetzt rasend schnell und bringt immer mehr Bilder ans Licht. Die Sehnsucht wird von Tag zu Tag größer, und ich weiß, irgendwann wird sie stärker sein als jede Angst. Auch wenn ich noch weit davon entfernt bin, aus meiner Sehnsucht Hoffnung werden zu lassen, so ist sie doch das Letzte, was mir geblieben ist, und eine Gewissheit: Ich will!

25

Diesmal besteige ich ohne zu zögern die erste Straßenbahn, die in die Haltestelle am Dietrichsteinplatz einfährt. Wie um über einen Abgrund auf die andere Seite einer Schlucht zu springen, ging ich von zu Hause die zweihundert Meter zum Dietrichsteinplatz, im Bewusstsein, dass jedes Zögern den Erfolg unwahrscheinlicher macht. Denn das Zögern verlangsamt den Anlauf, wodurch sich die andere Seite der Schlucht immer weiter entfernt. Ich weiß das. Schon gestern saß ich auf der Bank an der Haltestelle und sah eine Straßenbahn nach der anderen ohne mich abfahren. Ich sah ihnen nach, wie sie durch die Reitschulgasse die fünfhundert Meter bis zum Jakominiplatz fuhren, und verzweifelte jedes Mal an dem Gedanken, dass ich es jetzt schon hinter mir gehabt hätte, wenn ich nur eingestiegen wäre. Während der vergangenen Nacht dachte ich an nichts anderes als an die Fahrt vom Dietrichsteinplatz zum Jakominiplatz. Fünfhundert Meter maximal, eher weniger, vielleicht eine Runde auf der Laufbahn eines Leichtathletikstadions. Hunderte Male bestieg ich die Straßenbahn, löste meinen Fahrschein am Automaten und sah über die Schultern des Fahrers, wie der Jakominiplatz immer näher kam. Hunderte Male öffneten sich die Türen wieder und ich betrat den Jakominiplatz: als Held.

Die vergangene Nacht war wie die unzähligen Nächte, die ich vor schwierigen Touren verbringen musste. Es gab nichts mehr zu tun als zu warten, und das immer stärker werdende Gefühl, dass nun die Wirklichkeit nach den Träumen greift, ließ die Unsicherheit, ob ich mir nicht zu viel vorgenommen hatte, immer größer werden. Bin ich gut genug? Wird alles so werden, wie ich es mir gedacht habe? Habe ich irgendetwas Entscheidendes vergessen? Manchmal wurde ich am Morgen von Regen erlöst. Doch meist ließ mich gutes Wetter »im Regen stehen« und ich musste aufbrechen. In diesen Nächten lernte ich, dass die größte Heldentat nichts ist im Vergleich zum Aufbruch und zur Entscheidung, sie zu tun. Als erster Mensch allein in einem kleinen Flugzeug über den Atlantik zu fliegen, ist nichts im Vergleich dazu, sich ins Flugzeug zu setzen, den Motor anzulassen und tatsächlich abzuheben. Den »Mann ohne Eigenschaften« zu schreiben, ist nichts im Vergleich dazu, sich hinzusetzen und mit dem ersten Satz zu beginnen. In Zeiten der politischen Unterdrückung gegen alle Gefahr seine Meinung gesagt zu haben, ist nichts im Vergleich dazu, aufgestanden zu sein. Wo diese Geschichten beginnen, ist alles schon entschieden, und die größte Tat bereits vollbracht. Und auch bei meinen »Heldentaten« konnte mich das Unmögliche letztlich nicht abschrecken. Im Gegenteil! Oft gab es mir sogar die Richtung vor, in die ich ging. Aber so unmittelbar wie in der vergangenen Nacht hatte ich es noch nie empfunden und so viel Angst hatte es in mir noch nie ausgelöst. Doch spätestens als ich auf der Bank an der Haltestelle sitzend eine Straßenbahn nach der anderen abfahren sah, wurde mir bewusst, dass es nun in meinem Leben nichts Mögliches mehr gab, auf das ich mich zurückziehen könnte, dass jeder weitere Schritt ein Schritt auf das Unmögliche zu sein wird. Das Unmögliche wurde an dieser Haltestelle unausweichlich für mich! Deshalb stand heute Morgen für mich fest, dass ich die Straßenbahn besteigen werde. Daher meine Entschlossenheit.

Doch in dem Moment, da sich die Türen hinter mir schließen, schaltet die Ampel plötzlich von Grün auf Gelb und dann auf Rot. Damit habe ich nicht gerechnet. Ich beginne zu zittern und muss mich dazu zwingen, durch die Nase zu atmen, obwohl ich zu ersticken drohe. Ich werde jeden Moment aus der Welt fallen! Raus, raus, raus! Doch den Grazer Straßenbahner, der die Türen noch einmal öffnet, gibt es nicht. Scheiße, ich sitze fest! Was tun? Dabei habe ich alles so gut vorbereitet: Ich bin die Strecke vom Dietrichsteinplatz zum Jakominiplatz einige Male abgegangen und habe aus dem Fahrplan die Fahrtzeit herausgerechnet: eine Minute und dreißig Sekunden. Zu Hause bin ich vor der Uhr gesessen und habe eine Minute und dreißig Sekunden vergehen lassen. Immer wieder, bis mir der Zeitraum, in dem der Sekundenzeiger seine eineinhalb Umdrehungen endlich hinter sich gebracht hat, wie eine Ewigkeit vorgekommen ist. Eineinhalb Umdrehungen – das sagt gar nichts. Das kann eine Ewigkeit sein, wenn man die Zeit vergehen lassen muss. Also habe ich versucht, sie auszufüllen. Ich habe mir die Schuhe auf- und wieder zugebunden und nachgesehen, wie viel Zeit vergangen ist: 15 Sekunden. Die gesamte Kleidung aus- und wieder anziehen (Leibchen, Hose, Unterhose, Schuhe und Socken): eine Minute. Ein sechzig Meter langes Kletterseil sorgfältig aufschießen und so verknüpfen, dass es sich nicht wieder öffnet: eine Minute und dreißig Sekunden. Na endlich! Das ist doch nicht viel. Eine Minute und dreißig Sekunden sind nichts. Was ist das schon, ein sechzig Meter langes

Seil aufzuschießen? Während der letzten Tage habe ich dieses sechzig Meter lange Seil im Geiste öfter aufgeschossen als tatsächlich in meinem bisherigen Kletterleben. So wie man Schirennfahrern nachsagt, dass sie eine Abfahrtsstrecke im Geiste in fast derselben Zeit nachvollziehen können wie im eigentlichen Rennen, habe auch ich fast immer dieselbe Zeit dafür benötigt: eine Minute und dreißig Sekunden.
Daran klammerte ich mich, als ich die Straßenbahn bestieg. Denn ich wusste nicht, was passieren wird, wenn sich die Türen hinter mir schließen, aber ich vertraute darauf, dass ich es aushalten kann. Zumindest so lange, wie ich benötige, ein sechzig Meter langes Seil aufzuschießen. Ich sagte mir, ich dürfe nur nicht die Zeit vergehen lassen, nur nicht daran denken, dass ich eingesperrt bin und erst dann wieder fliehen kann, wenn ein anderer es zulässt, indem er die Türen öffnet. Ich nahm mir vor, sobald sich die Türen hinter mir schließen, die Zeit auszufüllen, indem ich ein Ende des Seiles in die linke Hand nehme und mit der rechten sorgfältig gleich große Schlingen zwischen Daumen und Zeigefinger lege. Auf diese Weise wollte ich mich ans andere Ende des Seiles vorarbeiten, und nachdem ich es dreimal um die Schlingen in meiner linken Hand gewickelt und verknüpft hätte, würden sich die Türen am Jakominiplatz wieder öffnen.
Doch nun sind die Türen verschlossen und die Ampel steht auf Rot. Ich war darauf vorbereitet, in einer fahrenden Straßenbahn eingeschlossen zu sein, aber nicht darauf, in einer stehenden. Schon gestern, als ich auf der Bank an der Haltestelle saß, kam es vor, dass die Ampel auf Rot sprang, nachdem sich die Türen geschlossen hatten, und dass die Straßenbahn bei geschlossenen Türen auf ihre Weiterfahrt hatte warten müssen. Scheiße! Ich hab's ja selbst gesehen. Ich hätte es

wissen müssen! Wie konnte ich nur übersehen, dass man in einer stehenden Straßenbahn genauso eingeschlossen ist wie in einer fahrenden! Um nicht aus der Welt zu fallen, nehme ich ein Ende des Seiles in meine linke Hand und beginne mit der rechten Schlingen zwischen Daumen und Zeigefinger zu legen. Doch kaum habe ich damit begonnen, ist schon das andere Ende in Sicht. Immer wieder beginne ich von neuem. Immer verzweifelter, weil ich um die Sinnlosigkeit meiner Anstrengungen weiß: Jetzt, da die Türen verschlossen sind und die Straßenbahn stillsteht, wird das Seil niemals bis zum Jakominiplatz reichen. Endlich springt die Ampel auf Grün und die Straßenbahn setzt sich mit einem Ruck in Bewegung. Ich stehe direkt hinter dem Fahrer und sehe über seinen Schultern, wie der Jakominiplatz nicht näher kommt. Ich klammere mich an einer Stange fest und spüre meine schweißnassen Hände, die abzurutschen drohen. Ich kann mein Seil nicht mehr finden. Jeden Moment falle ich aus der Welt. Ich lehne meine Stirn an die Stange und schließe die Augen. Ich zwinge mich, durch die Nase zu atmen. Ich habe keine Beine mehr. Als sich die Türen am Jakominiplatz wieder öffnen, werde ich von der Welt mit einem riesigen Seufzer eingeatmet.

Ich dränge mich durch die Traube aus wartenden Fahrgästen und laufe zu Dr. Rinners Ordination, wo ich mich auf den Treppenabsatz setze. Während ich Zigaretten rauche, beruhige ich mich langsam wieder. Scheiße, das war knapp! Dabei ist die Strecke vom Dietrichsteinplatz zum Jakominiplatz nur der erste Abschnitt auf meinem Weg zurück. Und der leichteste. Zumindest dachte ich das. Insgeheim hoffte ich, dass alles nicht so schlimm sein würde, wenn ich mich erst einmal überwunden hatte, in die Straßenbahn einzusteigen. Der berühmte Sprung ins kalte Wasser. Aber dann die

Ampel und das Seil, das ich plötzlich in meinem Kopf nicht mehr finden konnte. So eine Fahrt werde ich kein zweites Mal überstehen. Zu viel Unerwartetes war passiert, und wer weiß, was noch alles passieren kann, woran ich jetzt nicht einmal im Traum denke. Was, wenn sich durch einen Defekt die Türen nicht mehr öffnen lassen? Was, wenn sich die Straßenbahn an einer Haltestelle plötzlich derart füllt, dass mir der Ausgang versperrt bleibt? Einfach zu viele Unsicherheiten!
Nach der zweiten Zigarette bin ich wieder fast vollkommen ruhig. Erst jetzt bemerke ich, dass es mir das erste Mal gelungen ist, aus eigener Kraft einen Anfall abzuwehren. Kein Arzt, keine Tabletten, keine Spritzen. Ich ganz allein! Beim Gedanken daran muss ich hysterisch kichern. Wer weiß, wenn es mir heute gelungen ist, vielleicht wird es mir auch in Zukunft gelingen. Es könnte gehen. Durch die rote Ampel hat die Fahrt mindestens drei Minuten gedauert – länger als der längste Abschnitt, der noch vor mir liegt. Es könnte gehen. Mein Kichern wird immer hysterischer, und ich vergrabe mein Gesicht in den Händen, damit mich keiner der Vorbeigehenden für verrückt hält. Der Bahnhof. Ich muss dorthin. Es könnte gehen. Ich will!!!
Viele meiner Kletterreisen begannen am Grazer Bahnhof. Dort bestieg ich Züge, die mich nach Wien, Frankfurt oder Zürich brachten. Von Wien, Frankfurt oder Zürich flog ich nach Amerika oder sonst wohin, wo es Felsen gibt. Oft brachten mich die Züge nur bis nach Italien oder Südfrankreich oder nur bis Mixnitz, wo die Arena steht. Egal wohin, wenn ich am Grazer Hauptbahnhof stand, wusste ich, dass es jetzt wieder losging, dass ich wieder unterwegs war, um meine Träume zu verwirklichen. Yosemite, Joshua Tree, Frankenjura, Finale, Buoux, Arena, Zigeunerloch. So ist der Grazer

Hauptbahnhof mit den Jahren für mich zu einem Sinnbild für den Aufbruch geworden. Auch wenn es eine Weltreise für mich bedeutet - ich muss hin! So vieles, wonach ich mich sehnte, hat dort begonnen. Vielleicht ist dort auch das Einzige, wonach ich mich heute noch sehne: ein Beginn.

Natürlich - zum Hauptbahnhof zu gehen bedeutet wahrscheinlich kein Problem für mich. Ich habe ja mein Sicherheitsnetz. Unterwegs gibt es genügend Ordinationen und auf der Mitte des Weges gibt es sogar ein Krankenhaus. Nur der Hauptplatz ist etwas kritisch. Aber mit der Straßenbahn? Da kann ich nicht jederzeit umkehren, da kann ich nicht jederzeit zum nächsten Arzt laufen. Da bin ich ausgeliefert, da muss ich darauf warten, bis jemand die Türen öffnet. Selbst wenn ich das nächste Mal in eine Straßenbahn einsteige, die während einer Rotphase einfährt, damit die Ampel auf Grün schaltet, wenn die Türen sich schließen, bleibt ein gewisses Risiko. Was, wenn alte Leute einstiegen? Oder Mütter mit Kinderwägen? Das würde alles verzögern und die Türen würden sich erst nach der Grünphase schließen. Andererseits - schlimmer als heute kann es nicht werden und heute habe ich alles aus eigener Kraft geschafft. Aber gleich der nächste Abschnitt, vom Jakominiplatz zum Hauptplatz, ist einer der heimtückischsten. Fünfzig Meter nach der Haltestelle befindet sich auch hier eine Ampel mit einer extrem langen Rotphase. Da die Straßenbahn in einer großen Schleife ausfährt, ist diese Ampel von der Haltestelle aus nicht einsehbar! Sobald sich die Türen schließen und die Straßenbahn losfährt, bin ich der Ampel hinter der Schleife ausgeliefert. Selbst wenn sie auf Grün steht und wir durch die Herrengasse zum Hauptplatz nur zwei Minuten benötigen, heißt das noch lange nicht, dass sich die Türen sofort öffnen werden:

Am Hauptplatz gibt es nur zwei Haltestellen, an denen sechs Linien zusammentreffen. Oft müssen sich die Straßenbahnen eine hinter der anderen anstellen und darauf warten, bis sie in die Haltestelle einfahren dürfen, wobei es den Fahrern strengstens untersagt ist, die Türen außerhalb der Haltestellen zu öffnen. Ist auch nur eine Straßenbahn vor uns, bedeutet das eine Verzögerung von mindestens zwei Minuten (ohne alte Menschen und ohne Mütter mit Kinderwägen!). Selbst wenn ich einen Anfall bis zum Aussteigen vermeiden kann, ich weiß nicht, wohin ich laufen soll, denn der nächste Arzt ist weit entfernt. Der dritte Abschnitt, vom Hauptplatz zum Südtirolerplatz, ähnelt dem ersten: freie Fahrt bis zur Ampel knapp vor der Haltestelle. Doch selbst bei Rot ist sie kein besonderes Problem, das Ziel vor Augen und im Bewusstsein, jeden Moment aussteigen zu können. Vom Südtirolerplatz zum Roseggerhaus ist der einfachste Teil. Keine einzige Ampel und nur zwei Minuten vom Roseggerhaus entfernt befindet sich ein Spital. Das Hauptproblem der nächsten drei Strecken besteht zweifellos darin, dass ich mich mit jedem Meter, mit dem ich mich meinem Ziel, dem Hauptbahnhof, nähere, gleichzeitig vom Krankenhaus entferne. Am Hauptbahnhof schließlich, und das ist die große Herausforderung meines Planes, werde ich völlig ausgeliefert sein! Nur Züge, stinkender Schwerverkehr und weit und breit kein Arzt. Selbst in meinem schnellsten Lauftempo würde ich mindestens zehn Minuten bis zum Krankenhaus zurück benötigen. Trotzdem – der Bahnhof! Ich muss dorthin! Es könnte gehen. Ich will!!!

Während der nächsten Woche übe ich jeden Tag einen anderen Streckenabschnitt. Ich gehe zum Südtirolerplatz, besteige die Straßenbahn und fahre bis zum Roseggerhaus, gehe zurück, besteige die nächste Straßenbahn und fahre wieder bis zum Roseggerhaus. Aber niemals fahre ich vom Jakominiplatz bis zum Hauptplatz oder zwei Streckenabschnitte, ohne auszusteigen, hintereinander. Und obwohl ich mich langsam daran gewöhne, ist es eine ständige Gratwanderung. Denn keine Fahrt wird zur Routine. Ich gewöhne mich langsam an die Gratwanderung, aber ich gewöhne mich nicht an das Fahren mit der Straßenbahn. Immer wieder bin ich knapp davor, aus der Welt zu fallen. Wenn einparkende Autos die Geleise und damit die Weiterfahrt versperren, wenn Ampeln auf Rot schalten, wenn Kontrollore die Türen so lange geschlossen lassen, bis alle Fahrgäste ihren Fahrschein vorgezeigt haben, dann schließe ich die Augen, lehne meine Stirn an die Stange hinter dem Fahrer und weiß, dass das meine letzte Fahrt ist. Aber immer wieder schaffe ich es aus eigener Kraft und immer wieder besteige ich die Straßenbahn. Nachdem mich seit Monaten etwas vor sich hergetrieben hat, habe ich nun endlich die Kraft stehen zu bleiben, mich umzudrehen und ihm ins Gesicht zu sehen. Zwar nur ganz kurz – aber immerhin. Es bekommt Konturen.

Ohne dass ich es zunächst bemerkte, beginnen meine täglichen Reisen auch andere Lebensbereiche zu beeinflussen. Ich stehe inmitten einer langen Warteschlange, um im Lebensmittelgeschäft meine Einkäufe zu bezahlen. Erst als ich endlich an der Reihe bin und die Kassierin die Milchpackung, das Toastbrot und die Haferflocken über den Scanner schiebt, erinnere ich mich daran, dass ich in letzter Zeit immer meinen Einkaufswagen zur Seite schieben und fluchtartig das Geschäft verlassen musste, sobald mehr als ein oder zwei Kunden vor mir standen (wieder haben besonders alte Menschen und Mütter mit Kinderwagen für unerträgliche Verzögerungen gesorgt). Erst als ich die Badezimmertür nach dem

Duschen entriegle, erinnere ich mich daran, dass ich sie in letzter Zeit immer offen gelassen hatte, damit man mich sofort hätte bergen können, falls ich beim Duschen ohnmächtig geworden wäre. (In letzter Zeit ... Ich wünsche nichts mehr, als dass ich endlich sagen könnte: früher.) Doch kaum werde ich mir dessen bewusst, muss ich beim nächsten Mal, wenn mehr als ein oder zwei Kunden vor mir stehen, meinen Einkaufswagen wieder zur Seite schieben und fluchtartig das Geschäft verlassen, und ich kann nicht mehr bei verschlossener Tür duschen. (Es ist so, als gäbe es gar nichts zu bewältigen, sondern nur zu vergessen.)
Nach einigen Tagen versuche ich zwei Streckenabschnitte zusammenzuhängen. Ich beginne mit den zwei einfachsten: vom Südtirolerplatz über das Roseggerhaus zum Annenhofkino. Und nach einer Woche versuche ich die zwei schwierigsten: vom Dietrichsteinplatz über den Jakominiplatz zum Hauptplatz. Solange ich immer nur einen Streckenabschnitt gefahren war, waren jene Momente am schlimmsten, da sich die Türen hinter mir schlossen. Aber nachdem sich die Straßenbahn in Bewegung gesetzt hatte und nach der Hälfte der Strecke die nächste Haltestelle in Sicht gekommen war, rann die Anspannung aus mir heraus und ich verließ die Straßenbahn ruhiger, als ich sie bestiegen hatte. Jetzt aber sind gerade jene Momente, da die Türen an der mittleren Haltestelle offen stehen, die schlimmsten. Es ist ein fürchterlicher Kampf, den ich mit mir kämpfen muss. Ein Teil von mir will nichts als hinaus und der andere hält mich zurück. Erst wenn sich die Türen wieder schließen, ist alles entschieden, und ich werde wieder ruhiger, obwohl ich bis zur nächsten Haltestelle festsitze.

Es macht nun keinen Sinn mehr, weitere Streckenabschnitte

aneinander zu reihen. Jetzt macht es nur noch Sinn, die ganze Strecke zu fahren. Seit Tagen habe ich eine Gewissheit, die ich von früher kenne. Oder besser gesagt: Es ist die Erinnerung an eine Gewissheit, die ich von früher kenne. Das reicht. Ich weiß, dass ich es so lange versuchen werde, bis ich es geschafft habe oder bis nichts mehr geht. Selbst wenn ich bewusstlos an der Haltestelle zusammenbreche, selbst wenn die Straßenbahn wegen mir stehen bleiben muss, selbst wenn mich ein Krankenwagen ins nächste Spital bringen muss, selbst wenn ich verrückt werde. Ich weiß, dass ich wiederkommen und es immer wieder versuchen werde. Das ist meine Gewissheit. Das beruhigt mich. Ich entscheide mich für Sonntag. Sonntag haben alle Ordinationen geschlossen, nur das Krankenhaus auf der Mitte der Strecke bietet Sicherheit. Sonntag ist der Tag, an dem mein Sicherheitsnetz weitmaschiger ist. Aber Sonntags ist weniger Verkehr, der die Straßenbahn aufhalten kann, Sonntags gibt es weniger Fahrgäste, die mir dabei zusehen können, was auch immer passiert. Sonntag ist einfach der bessere Tag.
Ich gehe die zweihundert Meter zum Dietrichsteinplatz.
Als ich die Straßenbahn besteige, bin ich überrascht, dass sie vollkommen leer ist. Ich möchte ein ganz normaler Fahrgast sein und setze mich, als sich die Türen schließen, auf einen Einzelsitz in der letzten Reihe und bleibe nicht wie sonst bei der Stange hinter dem Schaffner stehen.
Jakominiplatz.
Nur ein Betrunkener und zwei Jugendliche in Trainingsanzügen steigen zu. Kaum ausgefahren, hält die Straßenbahn wieder an. Die Ampel steht auf Rot. Aber ich bin ein ganz normaler Fahrgast. Die beiden Jugendlichen haben ganz vorne Platz genommen und drehen sich immer wieder kichernd zum Betrunkenen um. Er ist im Mittelgang stehen

geblieben. Vornübergebeugt versucht er vergeblich, seinen Fahrschein im Automaten zu entwerten. Auf der Fahrt durch die Herrengasse sehe ich dabei zu, wie er vergeblich gegen die Bewegungen der Straßenbahn ankämpft. Wenn sie beschleunigt, treibt es ihn ein paar Schritte zurück, wenn sie langsamer wird, ein paar nach vor. Wie den Ball eines Flippers treibt es ihn bei den Seitwärtsbewegungen der Straßenbahn zwischen den Sitzreihen hin und her, und bald sieht es so aus, als würde er vor dem Fahrscheinautomaten einen vergeblichen rituellen Balztanz aufführen. Ich warte darauf, dass er stürzt, aber knapp vor dem Hauptplatz ein erlösendes »Kling«, das anzeigt, dass ihn der Automat endlich erhört hat, und so kann auch er zwei Reihen vor mir Platz nehmen.
Hauptplatz.
Ein paar weitere Zeugen steigen zu und setzen sich zwischen mich und den Betrunkenen. Als sie aber den Urin und den Alkohol riechen, gehen sie ganz nach vorne zu den Jugendlichen.
Südtirolerplatz.
Gerade als wir an der Kirche vorbeifahren, strömen einige Kirchgänger aus dem großen Haupttor. Einige beschleunigen ihren bedächtigen Schritt, um an der nächsten Haltestelle, gut hundert Meter entfernt, zuzusteigen. Nach der kleinen Kurve beschleunigt aber auch die Straßenbahn ihre Fahrt und lässt die Kirchgänger zu Straßenbahnläufern werden. Es ist mir unangenehm, dass sie direkt neben mir herlaufen. Denn ich bin vollkommen unbeteiligt, und ich habe Bedenken, sie könnten glauben, es sei wegen ihnen.
Roseggerhaus.
Einige schaffen es und lassen sich pustend in die Sitze fallen. Der Fahrer kennt keine Gnade und schließt die Türen direkt

vor den später Ankommenden, die verärgert auf den Türöffner drücken. Der Kampf der Kirchgänger-Straßenbahnläufer hat mich derart abgelenkt, dass mir erst jetzt, da es zu spät ist, einfällt, dass ich hätte aussteigen und zum Spital laufen können. Aber kein Problem. Ich bin ein ganz normaler Fahrgast.
Annenhofkino.
Esperantoplatz.
Fast alle steigen aus, überqueren vor der Straßenbahn die Straße und verschwinden im »Wienerwald«. Es ist Mittagszeit.
Bahnhofgürtel.
Die Letzten steigen aus. Anscheinend wollen nur der Betrunkene und ich zum Bahnhof. Ich kann den Bahnhof von hier aus schon sehen. Eine Rechtskurve und dann eine lange Linksschleife.
Hauptbahnhof – Endstation.
Als sich die Türen öffnen, bleibe ich noch kurz sitzen, bevor ich aussteige. Ich bin ein ganz normaler Fahrgast. Ich bin vollkommen unbeteiligt. Die Türen bleiben geöffnet. Ein paar Minuten Aufenthalt, dann wird sich die Straßenbahn wieder auf den Rückweg machen. Ich gehe in die große Bahnhofshalle und schaue zur Anzeigetafel hinauf. Wien, Linz, Klagenfurt, München. Wer weiß, vielleicht werde ich irgendwann zu einem der Schalter gehen, mir einen Fahrschein kaufen und einen Zug besteigen. Ich weiß nicht welchen. Aber ich weiß, dass die nächste Haltestelle Bruck an der Mur sein wird. 35 Minuten wird die Fahrtzeit bis dorthin betragen. 35 Minuten werden die Türen verschlossen bleiben. Zehnmal so lange wie beim längsten Streckenabschnitt, den ich heute geschafft habe. Wer weiß, vielleicht werde ich das einmal können. Es hält mich nicht lange. Am Heimweg überholt mich in

der Annenstraße dieselbe Straßenbahn, die mich zum Hauptbahnhof gebracht hat. Der Betrunkene ist ihr einziger Fahrgast. Ich gehe zu Fuß, denn eine Fahrt in die andere Richtung habe ich während der letzten Wochen nie geübt.

... und vom Nicht-Klettern

Hias ist tatsächlich ins Yosemite gefahren, um seinen Traum zu verwirklichen und die Mescalito Wall zu klettern – natürlich ohne mich. Aber er hat es nicht geschafft. Nicht dass er zu schlecht dazu gewesen wäre, aber bei seinem ersten Versuch hatte er den falschen Kletterpartner und beim zweiten wurde nach ein paar Seillängen das Wetter schlecht. Auch früher hatten wir oft die falschen Kletterpartner, auch früher war oft das Wetter schlecht. Aber irgendwie haben wir es trotzdem immer geschafft. Es hat schon immer tausend Gründe gegeben, warum man etwas nicht macht oder nicht machen kann. Und vielleicht ist es ein Zeichen, dass die Zeit dafür vorbei ist, wenn sie beginnen, immer mehr zu bewirken oder besser gesagt zu verhindern.
Eine Woche nach meiner Begegnung mit Margit hat Hias mich angerufen. Ich hätte ihm gerne gesagt, dass ich inzwischen vieles gelernt habe oder dass mich das Klettern nicht mehr interessiert. Aber als er mich gefragt hat, ob ich mitkomme, habe ich nur »Nein« gesagt, und er hat nicht weitergefragt. Es wäre auch eine Lüge gewesen. Was damals passierte, war natürlich eine Erfahrung für mich, die ich nie mehr vergessen werde und die mein ganzes weiteres Leben beeinflusst hat. Aber gelernt ...? Das Klettern und diese Erfahrung, ich weiß, da gibt es einen Zusammenhang, aber ich weiß nicht welchen. Ich weiß jetzt auch, wie dünn das Eis der »Normalität« ist, auf dem wir uns bewegen, aber ich weiß nicht, wie ich mich bewegen muss, um nicht einzubrechen.

So steht am Ende kein Wissen. Eher ein Nichtwissen. Aber nicht dieses sokratische Nichtwissen, das es zumindest versteht, die richtigen Fragen zu stellen. Und so wird von Tag zu Tag, von Erfahrung zu Erfahrung das Staunen immer größer. (Vielleicht ist ja das die einzige adäquate Geisteshaltung.)
Auch wenn ich es mir damals noch nicht vorstellen konnte, ich habe wieder Züge und Jahre später sogar Flugzeuge bestiegen. Ich habe das Zigeunerloch wieder gesehen, die Arena, den Frankenjura und die Klettergebiete Südfrankreichs. Sogar im Yosemite, in Joshua Tree und in Alaska bin ich wieder gewesen. Ich habe mich wie ein Heimatvertriebener gefühlt, der nach der schwersten Trennung seines Lebens doch noch seine zweite Chance erhält, um die er so gekämpft hat, und zurückkehrt. Dem aber erst in dem Moment, da er wieder daheim ist, die lange Zeit bewusst wird, die er weg gewesen ist. Für den alles beim Alten geblieben ist und dem trotzdem nichts mehr so wie früher erscheint. Der nicht weiß, was es ist. Der nur weiß, dass er sich diese Chance nur eingeredet hat. Der wieder abreist – diesmal freiwillig – und nur noch zum Urlaub wiederkommt. Mit dem Klettern ist es jedenfalls seit damals vorbei. So glücklich ich war, als es langsam, Schritt für Schritt weitergegangen ist, so schmerzlich war die Erfahrung, dass es nur nach vorne weitergeht und nicht zurück, obwohl ich gehofft hatte, dort anschließen zu können. Das Gefühl von Heimat ist geblieben, und alles, was danach gekommen ist und kommen wird, ist wie ein Leben im Exil.
Ich mache mir nichts vor. Die Zeit vergeht und mit dem extremen Klettern wäre es heute in jedem Fall vorbei. So oder so. Man sagt, ein Menschenleben sei nichts im Vergleich zur Unveränderlichkeit der (unbelebten?) Natur. Was für ein Blödsinn. Du musst nur genau hinsehen: Irgendein Idiot hat

im Klettergarten die Griffe von »meiner« Querung weggeschlagen. Der Einstiegsgriff vom Zigeunerbaron ist ausgebrochen. Am Kugelstein ist das große Ausstiegsdach weggebrochen. Tonnenschwere Blöcke liegen jetzt am Einstieg, und inmitten von einem steckt noch immer der Bohrhaken, den ich damals dort oben hineingeschlagen habe. In der Arena ließen einige Unwetter den Bach derart anschwellen, dass er am Einstieg einiger Routen die Erde weggeschwemmt hat. Sie beginnen heute um bis zu fünf Meter tiefer als noch zu meiner Zeit. Die Kletterer haben das Interesse an einigen Routen verloren. Ihre Haken sind verrostet und der Fels ist jetzt wieder von dickem Moos überzogen. Das alles versöhnt mich. Das alles beruhigt mich.

»Meine« Felsen und ich – langsam werden wir gemeinsam alt.

Nachwort von Günter Funke

Als ich dieses Buch, das mich von seiner ersten Seite an nicht mehr losgelassen hatte, zu Ende gelesen hatte, war ich sehr bewegt, tief berührt und jede Menge Fragen wühlten in meinem Kopf. Vor allem das Phänomen der Angst, die ja so plötzlich und vehement wie aus dem Nichts aufbrach und die das Leben von Thomas Hrovat zum Sturz brachte, machte mich neugierig und regte meine Gedanken an. Diese hier beschriebene, aufbrechende Angst forderte auch mich heraus. Zunächst verwunderte sie mich. Kenne ich doch das Angstphänomen in seinen vielfältigsten Erscheinungsformen aus der psychotherapeutischen Praxis. Doch im hier vorliegenden Beschreiben und Erzählen der Angsterfahrung tut sich eine Hinter- bzw. Abgründigkeit auf, die genauer anzuschauen, auszuhalten und zu bewältigen sein will. Das aber bedeutet nicht, das Phänomen Angst wirklich zu verstehen oder letztendlich auch zu überwinden.
Eine Frage, die sich für mich während des Lesens immer deutlicher herauskristallisierte, war folgende: »Wie kann es geschehen, dass jemand, der Abgründe überklettert, der es am Abgrund des Berges, der Wand aushält, plötzlich doch vom Abgrund der Angst verschlungen wird?«
Bevor ich diese Frage zu beantworten versuche, scheint mir es sehr wichtig zu sein, ein anderes spezielles Phänomen näher zu beleuchten.
Durch die plötzlich aufbrechende, panische Angst kehrt sich die Welt für Thomas Hrovat total um. Sie kippt sozusagen aus

der Horizontalen in die Vertikale. So wird der tragende Grund zu einer Wand, in der man gerade noch Halt finden kann. Aber es gibt keinen Untergrund mehr. Wo tragender Grund fehlt, bleibt letztendlich nur noch die Abhängigkeit. Für Thomas Hrovat wird Graz zu einer »Kletterwand«, immer sich orientieren am nächsten Haltepunkt, sei es nun die Ordination, die geöffnet hat, die Klinik, die gerade noch erreichbar scheint, die Haltestellen der Straßenbahn. Thomas Hrovat klettert in Graz herum, ohne Aussicht auf einen Ausstieg, er ist durch die Angst an die Wände gekettet, die er ansonsten immer bewältigte, aus denen er aussteigen konnte (oder irgendwann nicht mehr?), nun aber ist er in die Wand verbannt.

So in Graz hängend, kommt ihm seine Kompetenz als Kletterer helfend zugute. Sein handwerkliches Können, erworben in jahrelanger Übung und hartem Training. Dieses Können, das ihn in den Zeiten des Kletterns immer wieder die Angstüberwindung erfahren ließ, wird ihm nun zur Überlebenshilfe in der Bewältigung des Angstalltags. Dies ist ein nicht zu unterschätzender Beitrag zur Heilung. Erworbene Kompetenz, wie hier im Klettern, lässt sich oft konstruktiv auf andere Lebensbereiche übertragen und kann so eine wichtige Hilfe in der Bewältigung der anstehenden Probleme sein. Ja, sogar Hilfe im therapeutischen Prozess. Denn ohne eigene Anstrengung, ohne eigenes Üben, ohne Ja zur Mühe, gibt es auch keinen Fortschritt während einer Therapie. Thomas Hrovat klettert durch Graz. Geradezu kümmerlich macht sich das aus gegenüber den Wänden, die er bezwungen hat. Und doch gewinnt er durch den Mut zur Kümmerlichkeit langsam wieder Raum, er gibt nicht auf. Er bemüht die »Trotzmacht des Geistes« (Frankl), die sich in seiner erlernten Handlungskompetenz nun mühsam vollzieht.

In einem Gespräch, das ich nach der Lektüre des Manuskripts mit Thomas Hrovat führte, sagte ich ihm spontan, ich hätte beim Lesen den Eindruck gewonnen, dass er eben nicht nur über Abgründe hinweg, sondern geradezu in sie hineingeklettert sei, die Abgründe seien geradezu in ihn heineingewuchert.
Wie ist dies zu verstehen? V. E. Frankl hat in seiner Existenzanalyse und Logotherapie den Begriff des »Existenziellen Vakuums« geprägt. Damit ist eine innere Leere umschrieben, eine Leere, die auch als inneres Nichts beschrieben werden könnte. Nichts Sinnvolles, nichts Wesentliches hat sich als stabilisierender Faktor, als tragender Grund manifestiert. Wie aber ist das möglich. Hatte Thomas Hrovat nicht Erfolg, war er nicht leistungsstark, ja geradezu besessen von seinem Klettern? Kann es denn Sinnvolleres geben, als sich mit »Haut und Haar« einer Sache, einer Leidenschaft zu verschreiben? Hier stoßen wir auf das entscheidende Problem. Nicht das, was ich tue, ist letztendlich bedeutsam, sondern die Haltung, in der, aus der heraus ich etwas tue – oder lasse. Die Haltung entscheidet über Sinn oder Nichts. Es geht um die Haltung zum Grund des Lebens schlechthin. Wenn Zielfixierung, zwanghaftes Erfolgsdenken, unbedingte Leistungssteigerung zum Grund werden, d. h. Grund für meine Daseinsberechtigung sind, dann unterwerfe ich mich einer Dynamik, die es immer schwieriger macht, sinnvoll zu leben. Es entwickelt sich die untergründige Dynamik der Angst aus der Abhängigkeit, in die ich unbemerkt hineingeraten bin. Denn nun bin ich abhängig vom Erfolg, vom Erreichen des Ziels, vom neuen Leistungsbeweis. Ich will nicht mehr – ich muss, bin getrieben, angetrieben, umhergetrieben ohne Aussicht auf Gelassenheit. Wenn ich es lasse, falle ich, denn ich hänge am Erfolg, an der Leistung usw., und je intensiver ich dem

Getriebensein nachgeben muss, desto größer wird die Leere in mir, der Abgrund, das Nichts in mir selbst. Und so breitet sich die Leere immer mehr in der eigenen Seele aus. Frankl hat nachdrücklich auf die Gefährlichkeit dieses »Existentiellen Vakuums« hingewiesen, weil es den Nährboden bilden kann für viele Ängste, Fehlhaltungen, Süchte, Suizidalität.

Wie ist nun vor diesem Hintergrund das Phänomen der Angst zu verstehen?

Angst ist zunächst eine existentielle Erfahrung, ein Existential, wie die Existenzphilosophie sagt. Angst ist das Erleben, dass ein Nichts in das eigene Leben hineinzubrechen droht oder schon hereingebrochen ist. Angst ist diejenige Grundbefindlichkeit, die vor das Nichts stellt, die den Menschen an das Nichts auszuliefern droht. Die in dieser Angst enthaltene Destruktivität zeigt sich als Gefühl der Grund- und Haltlosigkeit, der Nichtigkeit, Machtlosigkeit, der Mensch erlebt sich ausgeliefert und schutzlos. Da ist zunächst das Gefühl der Vernichtung. Alles, woran ich hänge (Werte), wird mir genommen, zerstört, mein Leben ist gefährdet. Dann ist da das Gefühl der Nichtigkeit. Was ich getan, wofür ich gelebt habe, alles war vielleicht nichts.

Diese Grundangst gehört wesentlich zum Menschsein dazu. Sie kann durch besondere Belastungen aufgewühlt werden oder mit der eigenen inneren Leere in Resonanz geraten, dann bricht sie panikartig hervor, wirkt lähmend und beeinträchtigt Denken und Fühlen nachhaltig. Ich zitiere im Folgenden einen Text des bedeutenden Arztes und Psychiaters V. E. Gebsattel, der schreibt: »In anthropologischer Sicht ist die Angst der Gradmesser für den Sog des Nichts. Als Innerwerden der selbstzerstörenden Mächte im eigenen Inneren lähmt sie den Akt der Selbstverwirklichung da, wo in einer unbestimmten Beängstigung der Zug in den Abgrund aufdroht (bei Thomas Hrovat die Angst zu kollabieren). Wessen der Mensch in dieser Beängstigung inne wird, ist nicht ein bestimmter Inhalt wie in der Furcht. Nur Unbestimmtes kommt aus irgendeiner Richtung drohend und feindlich auf ihn zu. Dieses Bedrohende aber hat, obschon eingetreten, keine umrissene Gestalt, sondern ist über dem Dasein im Ganzen ausgebreitet. Es verhält sich, wie Kierkegaard in einer Tagebuchaufzeichnung es ausdrückt: Das ganze Dasein ängstigt mich, von der kleinsten Mücke bis zu den Geheimnissen der Inkarnation. Aber nicht die Mücke ist, was ihn ängstigt, und nicht das Geheimnis der Inkarnation, sondern jeder einzelne Inhalt ist nur der beängstigende Anlass, an dem er sein Nicht-Sein-Können erfährt.« Nicht der so schwer zu erreichende Bahnhof ängstigt ihn, sondern durch das Fahren in der Straßenbahn erfährt Thomas Hrovat sein Nicht-Sein-Können. Denn jeder Inhalt, der uns begegnet, ruft uns zum Dasein auf. Der neue, helle Tag, die Besorgung, die ansteht, die Pläne, die verwirklicht werden wollen. Die Angst aber unterbricht jede Verbindung zu den und ins Dasein rufenden Inhalten und sie hebt so das eigene Nicht-Sein-Können nicht auf, im Gegenteil gerade der Blick in die Zukunft macht aus dem Nicht-Sein-Können etwas Absolutes, ein Immerwährendes. Und trotzdem macht sich Thomas Hrovat immer wieder auf, er sucht den Haltepunkt, die Nähe der Ordination, er übt in Gedanken immer wieder die Fahrt mit der Straßenbahn.

Wie ist das möglich? Woher der Mut, die kleine Kraft? Wir hatten vom Nicht-Sein-Können gesprochen. Aber die Erfahrung des Nicht-Sein-Könnens setzte die Möglichkeit des Sein-Könnens unbedingt voraus. Wüsste der Mensch nicht um diese Möglichkeit, die irgendwie immer noch da ist, er würde das Nicht-Sein-Können nicht als Angst, sondern als Befreiung erleben. Noch hinter aller Angst bleibt das Leben als Möglichkeit bestehen, und auf diese in den Hintergrund geratene Möglichkeit bezieht sich der Mensch als Mensch. Sein Nicht-Können gilt es auszuhalten und dies ist das ganze Können in diesem Augenblick. Wenn ich erlebe, wie die geängstigten Menschen der Angst begegnen, die sie doch vor das blanke Nichts stellt, wie sie sich diesem Nichts entwinden und es überwinden, wenigstens teilweise, in Ansätzen, dann kann ich nur staunen und mit Frankl davon sprechen, dass hier Zeugnis abgelegt wird von der menschlichen Möglichkeit, die darin besteht, aus einem Leiden trotz allem noch etwas zu machen. Nicht nur steht der Mensch vor dem Nichts, sondern das Nichts steht auch vor dem Menschen, der es überwinden kann.

Dazu benötigt der von Ängsten geplagte Mensch aber Hilfe. Wie kann diese aussehen? Grundsätzlich besteht der erste Schritt zur Hilfe in der Grundangst des Nicht-Sein-Könnens in der Anwesenheit von anderem. Anwesenheit ist die Erfahrung von Halt gebender Nähe, ist dichte Beziehung zu etwas, das jetzt trägt, oder zu jemand, der mich jetzt halten kann. In Beziehung zu stehen, zu Menschen, zu Gott, zur Natur, zu mir selbst ist das, was existentiellen Halt gibt. Oft ist es nicht möglich, dass der geängstigte Mensch von sich aus die entlastenden Schritte auf das Haltgebende hin tun kann. Hier braucht es sein Entgegenkommen. In diesem Entgegenkommen wird die Bereitschaft signalisiert: Ich kann es bei dir aushalten in deiner Angst, ich kann einen langen Weg mit dir gehen, ich bin für dich da, du bist angenommen.

Dann wird es wichtig sein, gemeinsam die Angst des Nicht-Sein-Könnens, die der Haltlosigkeit, die des Scheiterns bis hin zur befürchteten Vernichtung noch einmal deutlich und fühlbar werden zu lassen. Dies geschieht durch Klagen, Weinen, Verstummen, Erstarren usw. Der Blick in den Abgrund muss noch einmal gewagt werden, auch der in das Abgründige des Daseins selbst. Dieser Blick in den Abgrund könnte die Begegnung mit der Endlichkeit des eigenen Daseins sein. Angst kann als ein anderer Begriff für die Erfahrung der Endlichkeit und Vergänglichkeit sein, die in der Angst gleichsam von innen erfahren und gesehen werden. Die Begrenztheit meines Daseins zu erfahren, kann dazu führen, fähig zu werden, sterben zu können.

Diesen Aspekt hat Kierkegaard in seinem maßgeblichen Buch »Der Begriff der Angst« erörtert. Er beschreibt die subjektive Angst als eine Art Höhenangst: »Angst kann man vergleichen mit dem Schwindligsein. Derjenige, dessen Auge in eine gähnende Tiefe hinunterschaut, der wird schwindlig. Aber was ist der Grund hierfür? Es ist ebenso sehr sein Auge wie der Abgrund; denn was, wenn er nicht hinabgestarrt hätte! So ist Angst der Schwindel der Freiheit, der entsteht, indem der Geist die Synthese setzen will und die Freiheit nun hinabschaut in ihre eigene Möglichkeit und da die Endlichkeit ergreift, um sich daran zu halten.« Das Ergreifen der Endlichkeit bedeutet auch das Entdecken von Möglichkeiten, von »Sinnmöglichkeiten«, wie Frankl sagt. Zur Möglichkeit aber wird nur etwas in der Endlichkeit. Das schon angesprochene existentielle Vakuum, dieses innere Nichts, wächst gerade dadurch, dass die Möglichkeiten nicht realisiert werden, weil man sie hinausschiebt, oft so weit, bis sie nicht mehr erreichbar sind. Das Bewusstwerden der Endlichkeit, so beängstigend dieser Prozess auch sein mag, birgt in sich die Chance, endlich sinnvoll zu leben zu beginnen. So kann die Erfahrung gemacht werden, dass der Abgrund zum Grund wird. Wer jedoch nie in den Abgrund des eigenen Daseins schaut, hier vor allem unter dem Blickwinkel der Endlichkeit, der gefährdet sein ganzes Leben, auch wenn es noch so gut funktioniert. Wer den Abgrund kennt, der kann sich vor ihm sichern. Das hatte Thomas Hrovat beim Klettern auf der Ebene des Sports, der Leistung, des Erfolgs gelernt. Aber er hatte es noch nicht übertragen in die existentielle Dimension des Daseins. Sein Kämpfen mit der Angst und gegen die Angst, seine Disziplin, die er aufwendet, die kleinen Schritte, die er immer wieder wagt, sind nicht nur Schritte aus der Angst. Das wäre zu wenig, sie sind auch noch Schritte zurück ins Dasein. Denn jeder gelungene Schritt, ja, jede ausgehaltene Zeit, und wenn es Minuten sind, ist eine gelebte Freiheit im jetzt gegebenen Horizont der Endlichkeit, der Begrenztheit. In dieser erkämpften und gelebten Freiheit wird das Können erfahren wie eine Verneinung auf sinnvolles Leben hin. Denn die Angst kann nie um ihrer selbst willen überwunden werden, sondern letztlich nur um eines Sinns willen, der jenseits der Angst aufleuchtet. Denn das Problem besteht, wie wir gesehen haben, darin, dass die Angst den Sinn negiert und dadurch das Nichts überwunden werden kann. Das Überwinden der Negation kann jedoch nicht am Abgrund vorbei, sondern nur durch ihn hindurch gelingen. Beim Durchklettern des Abgrundes braucht der geängstigte Mensch unbedingt Hilfe als Begleitung. Diese kann nur jemand gewähren, der über mehr verfügt als Techniken; er muss selbst in den Abgrund geschaut und das Nichts überwunden haben.

Nach dem Durchklettern des Abgrundes wird es darum gehen, Halt gebende Beziehungen zu fördern und den Menschen mit Werten (Menschen, Natur, Kunst, Philosophie, Gott, dem Schönen) in Berührung zu bringen, um zu erfahren, dass das Leben selbst absoluter Grund ist, der trägt, und so das in der Weltsein ermöglicht.

Nicht zu vergessen ist, Selbstvertrauen und Selbstsicherheit aufzubauen bzw. zu erweitern. Nicht der Erfolg, sondern das Können ist nun wichtig. Nämlich das Aushalten meiner selbst. Nicht nur das Angenehme, der Erfolg usw., auch mein Scheitern, meine Begrenztheit, meine Angst, mein Nicht-Können. Wer es so bei sich aushält, der hat sich angenommen, sich bejaht, beginnt sich so mit sich selbst wieder in die Welt zu wagen.

Das ist ein wahrlich langer schwerer Weg. Berge zu besteigen mag abenteuerlich sein, aber das Leben in seiner Abgründigkeit auszustehen, verlangt mehr als Kletterkunst welchen Schwierigkeitsgrades auch immer. Von diesem hintergründigen Wissen legt Thomas Hrovat in ergreifender Weise Zeugnis ab, ich hoffe, dass sein Buch vielen Menschen Mut macht, es mit dem eigenen Leben aufzunehmen, auch wenn man nie auf dem Everest gestanden ist.

Günter Funke
Geboren 1948. Theologe, Existenzanalytiker, Psychotherapeut. Er arbeitet seit Jahren in der Aus- und Weiterbildung für Logotherapie und Existenzanalyse und war persönlicher Schüler Viktor Frankls.

In Berlin leitet er gemeinsam mit Susanne Jäger-Gerlich das Institut für Logotherapie und Existenzanalyse, arbeitet in eigener psychotherapeutischer Praxis und hält Vorlesungen an der Lessing-Hochschule.

Seit langem ist er in Österreich bekannt als Mitarbeiter und Berater der Pädagogischen Werktagung in Salzburg und durch seine Vorträge und Lehrgänge in Pädagogischen und Religionspädagogischen Instituten für ein sinnorientiertes und lebenswertes Leben.

Günter Funke ist Gründungsmitglied und Lehrausbildner der Gesellschaft für Logotherapie und Existenzanalyse.